AF564165

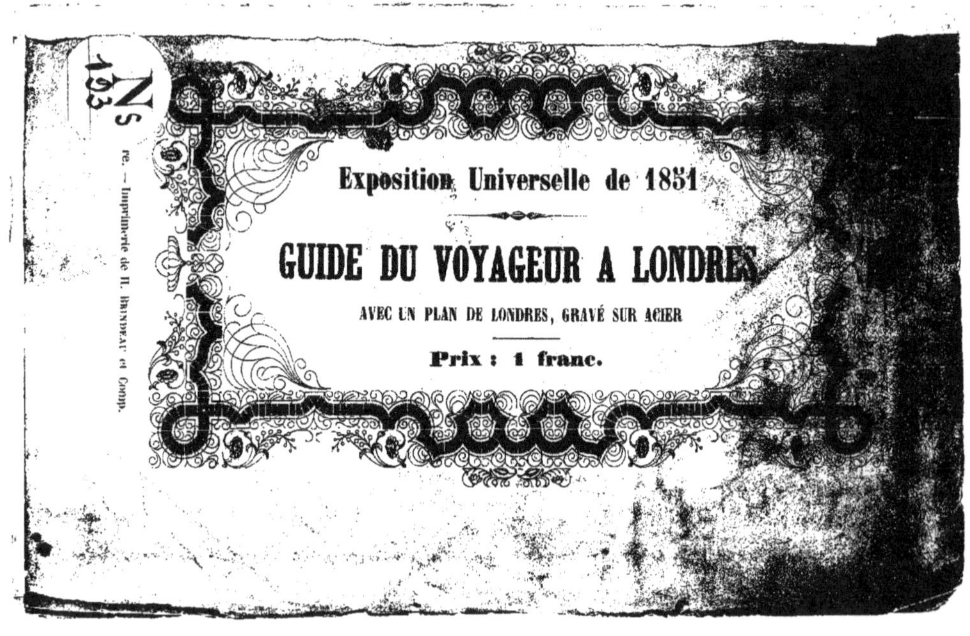

Exposition Universelle de 1851

GUIDE DU VOYAGEUR A LONDRES

AVEC UN PLAN DE LONDRES, GRAVÉ SUR ACIER

Prix : 1 franc.

re. — Imprimerie de H. Bruneau et Comp.

EXPOSITION UNIVERSELLE DE 1851

GUIDE DE L'ÉTRANGER A LONDRES

COMPRENANT :

UNE NOTICE SOMMAIRE SUR LE PALAIS DE CRISTAL : SA CONSTRUCTION, SA DISTRIBUTION, SES DIVISIONS PRINCIPALES, SA PHYSIONOMIE GÉNÉRALE. — ITINÉRAIRE DU VOYAGEUR A LONDRES : LES MONUMENS ANCIENS ET MODERNES, LES SPECTACLES, LES ÉTABLISSEMENS PUBLICS, LES EXHIBITIONS. — CONSEILS ET INDICATIONS A L'USAGE DES ÉTRANGERS.

Avec

UN PLAN DE LONDRES

Gravé sur acier.

HAVRE

IMPRIMERIE DE H. BRINDEAU ET Ce.

1851

Ce petit livre n'a la prétention de donner une description complète ni du Palais de l'Exposition Universelle, ni de la capitale de la Grande-Bretagne.

Son but est moins ambitieux.—Il a pour objet, simplement, au moyen de renseignemens précis, puisés à des sources officielles, de donner quelques indications générales, propres à diriger le visiteur au milieu de l'amas immense de trésors industriels et artistiques entassés dans le Palais de Cristal.

Quant aux détails spéciaux, nous renvoyons le lecteur aux catalogues publiés sous les auspices de la Commission royale, et dont les exposans, eux-mêmes, ont fourni les matériaux.

Nous avons embrassé, à vol d'oiseau, ce magnifique bazar; nous en avons sommairement indiqué le plan, la distribution, les proportions. Mais on comprend que nous n'avons voulu, ni nous arrêter devant chaque vitrine, ni consacrer un paragraphe spécial à chacun de ses innombrables compartimens.

De même, pour Londres et ses monuments. Nous avons parcouru, avec le lecteur, soit à pied, soit en omnibus et bateau à vapeur ou en *cab*, les rues de la vaste métropole; montrant, chemin faisant, les monuments qui se rencontrent sur la route; rappelant leur destination, la date de leur origine, les souvenirs historiques qu'ils réveillent, mais, sans vouloir pour cela entreprendre, ni cours d'histoire, ni cours d'archéologie. Nous avons voulu jouer le rôle de guide, mais sans tomber dans les digressions traditionnelles des *Cicerone*. Il nous suffira d'avoir signalé à la curiosité du voyageur les objets les plus dignes de la fixer pendant son court séjour à Londres, et d'avoir joué le rôle d'Ariane dans l'immense labyrinthe de cette fourmillière humaine. Que si ces indications incomplètes éveillent la curiosité, les ouvrages spéciaux ne manquent pas , dans lesquels on trouvera des aliments substantiels pour la satisfaire.

L'EXPOSITION UNIVERSELLE

de 1851.

Honneur au noble et libéral esprit dans lequel a germé l'idée première d'une Exposition cosmopolite de l'Industrie, à Londres ?... Une conception si vaste dans sa donnée, d'une portée si féconde, mérite à son auteur un tribut d'unanimes respects ? Qu'il soit prince ou paysan , homme d'Etat ou ouvrier, cette pensée humanitaire lui donne des droits à la reconnaissance de ses semblables, et, parce que, dans cet éminent philantrope, ils rencontreront l'époux de la reine d'Angleterre, il n'y aura pas là, pour les républicains français, un motif de chercher à amoindrir la glorieuse initiative du prince Albert ! Les princes qui consacrent leurs loisirs et les forces vives de leur intelligence à l'amélioration du sort de l'humanité, ne s'exposent pas à compromettre leur considération et leur prestige! Loin de là! — Lorsqu'ils savent se faire ainsi les patrons des réformes intelligentes, les pionniers du progrès, les auxiliaires actifs de la liberté et de l'indépendance des peuples, les artisans du bien-être général, ils travaillent, sûrement, à leur propre gloire! A l'éclat de convention de leur position officielle, ils ajoutent un éclat plus solide et plus vrai! Et si, dans notre pays, nous avons aboli les vaines distinctions de caste, nous savons néanmoins rendre une loyale et impartiale justice à l'homme éminent qui occupe le second rang dans la hiérarchie sociale de la Grande-Bretagne, lorsque sa valeur intrinsèque se révèle par de semblables traits!

Ce concours ouvert entre les produits variés du génie industriel de l'homme, ne peut que stimuler l'Emulation mère du Progrès, du Progrès dont le développement est toujours en raison directe des encouragements qu'il reçoit chez chaque nation. Le régime du privilége et du monopole peut servir les intérêts du petit nombre; mais les larges doctrines de la liberté commerciale sont seules en harmonie avec les intérêts de tous! Le *Free-Trade* est le palladium du commerce, l'équitable dispensateur des trésors produits par l'activité humaine, l'arbitre impartial de l'industrie, le régulateur loyal des droits de l'homme! Lorsque tous les peuples auront inscrit sa devise sur leur bannière, la France, grâce à ses industrieux et intelligens artisans, n'aura pas à redouter l'issue de la lutte dans la grande mêlée! La nature l'a dotée des bienfaits d'un climat clément et d'un sol fertile, et le génie de ses enfants saura bien lui assurer la victoire sur le champ de bataille industriel et commercial du monde entier, quand les vieilles barrières prohibitives d'un régime de protection suranné, tombées sous les coups des champions de la liberté, auront dégagé les abords de cette féconde arène !

Ces réflexions préliminaires sont suffisamment justifiées par le sujet qui les provoque ; elles en jaillissent naturellement, et on voudra bien ne pas les considérer tout-à-fait comme des hors-d'œuvres oratoires. Personne ne saurait nier, en effet, que la grande Exposition de Londres ne soit un premier pas dans la bonne voie, un prélude au triomphe définitif des grandes idées de réforme en matière économique et industrielle. Nous voyons, ouvert aux regards des délégués du monde entier, un grand Palais consacré à l'Industrie, aux Arts et au Commerce ; une sorte de temple élevé à la Concorde, où se rencontrera la démonstration saisissable et matérielle de cette vérité, que c'est par la réciprocité des bons procédés et l'échange des sentimens sympathiques que les préjugés internationaux s'effacent ; que c'est par une appréciation plus exacte de leurs devoirs mutuels que les sympathies bienveillantes se développent entre tous les membres de la famille humaine, ralliés dans une pensée commune, qui a pour but le bonheur et le bien-être de tous !

Comme Français, il nous est doux de rendre, au nom de toutes les nations de l'Europe, ce témoignage à la Grande-Bretagne, que jamais elle n'avait fait preuve d'un esprit plus large et plus libéral que dans cette circonstance, où elle a ouvert l'arène à une lutte loyale et pacifique entre le génie industriel des divers peuples.—Cela dit, nous entrons en matière pour décrire succinctement le merveilleux palais élevé par l'Angleterre à la gloire de l'industrie du monde.

Le plan de l'édifice est une heureuse inspiration de M. Paxton, architecte anglais, dont le talent s'était, jusqu'ici, principalement révélé, si nous ne nous trompons, dans des créations qui se rattachent à la science de l'horticulture. Sa brillante conception, nous pouvons le dire, a été à la hauteur du but qu'il s'agissait d'atteindre ; le Palais de l'Industrie est digne de son hôte glorieux. On ne pouvait imaginer une enceinte mieux appropriée à sa destination, mieux faite pour recevoir en dépôt tous les chefs-d'œuvre de l'industrie humaine.

Le vaste édifice est entièrement construit en fer et en verre ; nous empruntons à des sources officielles les détails circonstanciés qui suivent sur ses dimensions :

Le Palais de Cristal a 1,848 pieds (1) de longueur et 456 pieds dans sa plus grande largeur, non compris la salle des machines. La hauteur du toit, au centre principal, est de 64 pieds ; celle du faîte des galeries intermédiaires de 44 pieds, des galeries latérales 24. L'avenue principale, ou *transept*, a 104 pieds d'élévation ; l'édifice couvre une superficie totale de 752,832 pieds, à laquelle il convient d'ajouter celle des galeries, qui en représentent 102,528. La surface totale affectée à l'Exposition est d'environ 21 acres ; un espace additionnel de 90,430 pieds a été ajouté au plan primitif. La contenance du Palais mesure 33,000,000 de pieds cubes.

La quantité de verre employée représente une superficie de 900,000 pieds carrés, et pèse environ 400 tonneaux.

---

(1) Il s'agit, ici et ailleurs, du pied anglais qui a onze pouces français, ou 0^{m} 304 environ.

Nous venons de parler du **Transept** : on se ferait difficilement une idée de ce que sera cette mignifique avenue, éclairée par un jour supérieur assez vif pour que l'œil puisse l'embrasser dans toute son étendue, lorsque les produits les plus remarquables des quatre parties du Monde y seront accumulés. Sur toute son étendue se dressent des chefs-d'œuvres de la statuaire moderne, parmi lesquels l'art français tiendra une place honorable.

Cette avenue est surmontée, dans toute son étendue, par une galerie en quelque sorte aérienne qui s'élève à 16 pieds environ au-dessus du sol, et où viennent se draper, en plis somptueux, les étoffes les plus riches et les plus rares. Une partie de cet emplacement est affecté aux merveilleux produits de l'industrie lyonnaise.

Le bâtiment tout entier est supporté par 3,300 colonnes en fonte, variant entre 14 pieds 1/2 et 20 pieds de hauteur, espacées de 21 pieds environ, et reliées par des fermes plates en fonte posées de champ et renforcées par des croisillons également en fonte. C'est sur ce système de fermes, toutes au même niveau, qu'est placé directement la toiture dans les parties nord et sud de l'édifice, à l'exception du transept qui est couvert d'un grand berceau en vitrage.

Malgré le niveau horizontal des fermes en fonte, la toiture a une inclinaison suffisante, la même à peu près que l'on donne ordinairement à nos combles, parce que chaque entre-colonnement est divisé, sous ce rapport, en trois portions séparément couvertes de combles de fer à deux égouts, séparés l'un de l'autre par des chenaux, qui portent au loin les eaux pluviales. Les colonnes étant creuses, c'est par leur intérieur que, de loin en loin, les eaux s'écoulent et vont se perdre dans des canaux souterrains.

Il a été constaté, à la suite d'épreuves réitérées, que ces colonnes pourraient résister à une charge cinq fois plus considérable que celle qu'elles sont destinées à supporter. La voûte du *transept* se compose de dix-sept arches, disposées à intervalles égaux. Elle a 408 pieds de longueur et 72 pieds de large, et s'élève, comme nous l'avons dit, à une hauteur de 108 pieds. L'effet en est des plus grandioses. Le faîte de l'édifice, extérieurement, est recouvert de stores en calicot, pour intercepter les rayons du soleil, et prévenir les inconvéniens qui résulteraient, à l'intérieur, d'une atmosphère embrâsée. Le développement des gouttières disposées pour l'écoulement des eaux pluviales, est de 34 milles (26 kilomètres environ).

L'aspect de l'édifice, avec ses trois colonnades superposées, dont la largeur diminue à chaque étage, présente une gracieuse variété de dessin ; l'effet un peu monotone d'une façade de 1,848 pieds de long est, d'ailleurs, heureusement relevé par le vaste transept dont la voûte ogivale s'élève au-dessus de la cîme des plus grands arbres du parc.

L'allée centrale a 1,848 pieds de long, 72 pieds de large et 66 pieds de haut, avec des rangées de colonnes qui s'embranchent de chaque côté, rayonnant de façon à ce que du centre le regard puisse plonger sur tous les points les plus éloignés de l'enceinte. Une entente parfaite a présidé à la distribution de ces rangées de colonnes, sur lesquelles repose tout l'édifice, et dont les lignes régulières se développent avec une admirable harmonie. Il en est de même dans les autres allées;

mais les vastes proportions de l'avenue centrale, l'absence des galeries qui, ailleurs, interrompent les lignes de la perspective, donnent à celle-ci l'aspect le plus imposant.

Le Palais est muni d'un système de ventilateurs très complet et très ingénieux; des bouches d'air sont disposées à une hauteur de 4 pieds, tout au tour de l'édifice; au moyen d'un mécanisme très simple, elles peuvent être instantanément ouvertes, fermées, entrebaillées, ce qui permet de régler la température *ad libitum.*

Outre l'immense espace affecté au but spécial de l'Exposition, on a disposé, sur le côté du nord, une vaste pièce réservée exclusivement aux machines. Les proportions de cette pièce sont en rapport avec la nature des produits industriels auxquels elle est affectée. Elle a 946 pieds de long sur 48 de large et 24 de hauteur.

Une disposition extrêmement ingénieuse a été prise, dans l'intérêt des visiteurs de l'Exposition, contre les innombrables voleurs qui fourmillent à Londres. Un fil électrique est disposé tout autour de l'édifice, et un appareil est placé à chaque issue. Un grand nombre des employés de la police de sûreté ont été exercés à la manœuvre de ces appareils, de telle sorte que, lorsqu'ils verront entrer dans le Palais de Cristal une de ces figures dont ils ont le signalement gravé dans la mémoire, la nouvelle de la présence de ce visiteur sera immédiatement transmise dans toutes les parties de l'enceinte, et, en cas de soustraction signalée, tous les individus suspects, à quelque titre que ce soit, seront arrêtés et fouillés, quelle que soit la porte à laquelle ils se présenteront pour opérer leur sortie.

La partie de l'édifice réservée aux rafraîchissemens mérite une mention spéciale. Les salles gastronomiques se divisent en trois classes. Dans la première, le consommateur opulent pourra savourer les primeurs de la saison, et tous les produits les plus recherchés de l'art culinaire ; elle est située au nord du transept. Les épicuriens moins difficiles pourront se réconforter, à moins de frais, dans la salle de l'ouest; enfin, des rafraîchissemens dont le tarif est plus en rapport avec les moyens de la foule des visiteurs modestes, sont disposés dans le quartier nord-est de l'enceinte.

L'incroyable rapidité avec laquelle cette immense construction a été achevée n'est pas le fait le moins remarquable qui se rattache à l'histoire de l'Exposition universelle de Londres. Les palais enchantés qui s'élèvent dans l'espace d'une nuit sont du domaine de la féerie, mais la besogne du maçon et du charpentier entraînent inévitablement, d'ordinaire, de longs retards. Il a fallu trois siècles pour construire la basilique de St-Pierre de Rome ; trente-cinq ans pour achever la cathédrale de Saint-Paul, à Londres. Nous improvisons, il est vrai, en France des maisons et des rues avec une rapidité qui tient de la magie ; par exemple, il n'y a rien de magique dans l'aspect que présentent, lorsqu'ils sont achevés, les massifs de maçonnerie dont elles se composent. Mais la construction, dans le court espace de quatre mois, du merveilleux édifice de Hyde-Park, rend vraisemblables les fables ingénieuses des Mille et une Nuits.

Nous ne croyons pas devoir entrer ici dans des détails plus circonstanciés sur l'ensemble de l'édifice ; ces détails trouveront plus naturellement leur place dans ce que nous aurons à dire des dispositions prises par la commission exécutive pour la distribution des produits exposés. Il n'est pas, néanmoins inutile de mentionner que, dans la direction du nord au sud, le plancher, dans toute sa largeur, est parfaitement nivelé, tandis que du ouest à l'est il s'étend en pente douce comme la scène d'un théâtre, de façon que le spectateur puisse embrasser d'un regard, dans son ensemble, tout l'intérieur du bâtiment.

Un léger grillage en fer se prolonge extérieurement sur tout le pourtour du bâtiment qu'il encadre à une distance de 8 pieds ; au-delà s'étend un sentier qui aboutit à la chaussée traversant Hyde-Park et fréquentée par les équipages et les cavaliers, chaussée qui s'étend parallèlement à Knightsbridge-Road, et qui remplit à Londres la même fashionable destination que les Champs-Elysées à Paris.

Le derrière du Palais de Cristal s'étend sur une ligne parallèle à la Rivière Serpentine, pittoresque cours d'eau qui traverse le parc, et dont il est séparé par un gazon en pente douce, orné de beaux massifs de vieux arbres, qui, vus du Cristal Palace, offrent le plus charmant point de vue.

La grande entrée est disposée sur le côté nord du transept, et fait face à la grande route des voitures ; elle se compose de sept paires de portes ; il y a d'ailleurs de nombreuses issues pratiquées sur tous les autres points du pourtour.

Le développement de la superficie totale réservée aux produits exposés, est de 8 milles (plus de 12 kilomètres) ; nous allons maintenant expliquer quel sera, d'après les dispositions arrêtées, l'ordre dans lequel ces produits devront figurer.

Les produits de la Grande-Bretagne et des colonies britanniques se grouperont sur le côté ouest du transept central, c'est-à-dire à gauche de l'entrée principale; ils seront, autant que possible, classés dans les 30 catégories dont le détail suit :

1° Produits des mines, des carrières, métallurgiques, minéraux;

2° Produits chimiques et pharmaceutiques, en général;

3° Substances alimentaires;

4° Produits végétaux et animaux.

5° Machines industrielles, comprenant voitures, moteurs de locomotives, de bateaux à vapeur, etc.;

6° Machines applicables aux manufactures;

7° Appareils du domaine du mécanicien, de l'ingénieur civil, de l'architecte, de l'entrepreneur de bâtiment;

8° Architecture navale, génie militaire, fortifications, armes, accoutremens militaires;

9° Machines et outils agricoles et horticoles;

10° Instrumens de physique, appareils divers se rattachant à l'art musical, à l'horlogerie, à l'acoustique, etc.

11° Cotons fabriqués;

12° Articles de laine;

13° Soies et velours;

14° Articles de lin et de chanvre;

15° Tissus divers; châles.

16° Cuirs, comprenant la sellerie et les harnais, les peaux tannées et les fourrures;

17° Papiers, impressions, reliures;

18° Tissus et filés préparés pour la teinture et l'impression;

19° Tapisseries, tapis, dentelles, ouvrages de fantaisie, etc.;

20° Articles d'habillement; articles de ménage;

21° Coutellerie ; instrumens tranchans ; instrumens de chirurgie ;

22° Quincaillerie, comprenant serrures, grils de cheminée, etc ;

23° Orfèvrerie, métaux précieux œuvrés ; bijoux ; pierres fines ;

24° Verrerie ;

25° Produits ceramiques, porcelaines ; faïences, etc. ;

26° Décors, ameublemens, matelasserie, papiers peints, papier maché ;

27° Produits minéraux, employés dans l'industrie des bâtimens, tels que marbres, ardoises, cimens, porphyres, pierres artificielles ;

28° Produits végétaux et animaux, qui ne sont ni tissus ni filés.

29° Articles divers et objets de fantaisie ;

30° Sculpture, modèles, arts plastiques, émaux.

Les produits de chaque colonie britannique seront réunis et, autant que faire se pourra, classés, dans une des catégories dont nous venons de donner le détail.

Les produits de chaque pays étranger seront groupés ensemble dans la partie Est du transept, à l'exception des machines en mouvement ; ceux-ci prendront place à l'extrémité nord-ouest de l'édifice, afin d'être à proximité du générateur. Les produits des divers peuples seront classés nation par nation, et, autant que possible, dans l'ordre adopté pour ceux de l'Angleterre.

Règle générale : les machines seront placées du côté nord, et les matières premières du côté sud de l'édifice ; l'espace intermédiaire est réservé aux articles manufacturés et d'art.

Au point de vue de l'éclairage, toutes les parties de l'édifice sont également favorisées ; le jour est égal partout, ou peu s'en faut.

Voici les principales dispositions réglementaires qui ont été arrêtées par la haute commission exécutive de l'exposition :

L'édifice sera mis, sans rétribution locative, à la disposition des exposans.

Tout exposant, dont les articles peuvent être réunis sans violer les règles adoptées pour la classification générale, est libre d'adopter, pour leur exhibition, les dispositions qu'il lui conviendra, à la seule condition que ces dispositions ne gênent pas les autres exposans et que les convenances du public n'aient pas à en souffrir.

Les produits spéciaux d'une localité ou d'une contrée, s'ils sont tous de même nature, pourront être admis à figurer ensemble.

Lorsqu'il s'agira de certains procédés manufacturiers, des produits, même de nature diverses, pourront être admis à figurer ensemble.

Toutes les fois qu'il s'agira des produits résultant du travail ou de l'industrie d'un même individu, on tiendra grand compte, dans la limite du possible, des arrangemens qu'il croira devoir adopter ; mais si ses dispositions entraînent des frais extraordinaires, les frais resteront à sa charge.

Les montres, vitrines et installations de forme particulière sont également à la charge de l'exposant.

Les exposans pourront être autorisés par la commission à avoir des agens préposés à la garde de leurs produits et chargés de signaler aux visiteurs les particularités qui les distinguent; mais il est formellement stipulé que ce sera dans un but d'exhibition seulement, et non de trafic.

La commission, désirant offrir toutes facilités aux personnes qui exposeront des machines en mouvement, a décidé que ces machines pourront être manœuvrées, autant que faire se pourra, sous la direction de leurs propriétaires et sous la surveillance de ses délégués. La vapeur sera fournie gratuitement jusqu'à concurrence de 30 livres par pouce carré, et conduite au moyen de tuyaux dans toutes les parties de l'édifice où cette force motrice sera nécessaire. Les exposans qui enverront des machines mues par la vapeur devront y joindre une petite pompe à feu, susceptible d'être mise en communication, au moyen d'un tuyau, avec le générateur. Quant aux machines trop petites pour avoir besoin d'un moteur spécial, elles seront réunies en groupes et sisimultanément servies par un des moteurs exposés. La commission a aussi pris ses dispositions pour fournir gratuitement de l'eau à une haute pression aux exposans dont les appareils sont destinés à être manœuvrés par cette force motrice. Quant à l'arrangement des machines, à la façon dont elles seront disposées, les membres de la commission ont cru devoir s'en rapporter aux exposans eux-mêmes, qui adopteront les dispositions qui leur paraîtront les plus favorables, à la condition, toutefois, de ne pas violer les règles arrêtées dans l'intérêt général et l'harmonie de l'ensemble. La commission a cru devoir, à titre d'observation, faire remarquer qu'il importerait, dans l'intérêt de tous, que les exposans d'une même spécialité d'articles s'entendissent, afin de combiner en commun leurs dispositions pour l'installation de l'emplacement qui leur était réservé, et pour l'entretien, la surveillance, etc.

Les entrepreneurs de l'édifice, MM. Fox Henderson et C°, avaient à l'avance pris leurs mesures pour se charger de la fabrication des comptoirs, tablettes, cadres, établis, et installations de toutes sortes, nécessaires à l'exposition des articles, ainsi que de la location ou de la vente des montres, etc.

Tout exposant qui désire présider par lui-même ou par un employé à l'exposition de ses produits, devra en obtenir l'autorisation de la commission ; l'espace qu'il occupera sera déduit de l'emplacement qui lui est attribué, mais il pourra compenser cette perte en disposant des tablettes superposées pour recevoir ses articles, dans les limites de l'emplacement dont il dispose et jusqu'à une hauteur qui ne pourra dépasser 19 pieds à partir du plancher.

L'avenue centrale a 48 pieds de large ; de plus, il y a, au nord et au sud, deux corridors d'une largeur de 12 pieds et deux allées intermédiaires de 8. Toutes ces artères se dirigent dans la direction de l'est à l'ouest. Règle générale. Les allées latérales viennent toutes s'y embrancher, dans la direction du nord au sud.

L'enceinte est divisée latéralement, c'est-à-dire du nord au sud, en rangées de colonnes larges de 24 pieds ; des emplacemens de proportions diverses sont réservés aux exposans, sous la condition, toutefois, qu'il y aura au moins un passage libre de 8 pieds ou deux de 5, réservés, dans la direction du nord au sud, pour chaque intervalle de 24 pieds ; aucune communication, dans la direction de l'est à l'ouest, ne pourra être disposée sans l'autorisation par écrit de la commission.

La longueur des emplacemens à allouer aux divers exposans a dû être calculée en raison des circonstances ou, pour mieux dire, des exigences qui se sont produites. La largeur de ces emplacemens varie entre 5 et 16 pieds. La hauteur des comptoirs est, en général de 2 pieds 1/2.

Nous avons compilé les renseignemens qui précèdent dans les divers avis publiés par la commission exécutive, en nous attachant principalement à reproduire ceux qui étaient de nature à intéresser d'une manière plus spéciale le visiteur français, dont les sympathies ne sauraient manquer d'être vivement excitées par cette lutte, à laquelle des compatriotes vont prendre part. Répétons-le : cette lutte, nous n'en redoutons pas l'issue ; notre amour-propre national n'aura pas à la déplorer ; la concurrence du génie industriel des autres nations ne nous inspire pas d'alarmes ! Nous avons comme motifs de sécurité, en premier lieu, l'aptitude et l'intelligence de nos artisans, et, d'autre part, la loyauté, l'impartialité, la libéralité *cosmopolite* dont toutes les mesures préliminaires, arrêtées par la commission exécutive, portent, à un si haut degré, l'empreinte. Aussi sommes-nous certains de voir couronner, dans ce mémorable concours, le génie industrieux de la France, et sommes-nous fiers, à l'avance, de la gloire qui rejaillira sur ceux de nos nationaux qui cueilleront, dans cette arène pacifique, les palmes de la science, de l'industrie et des arts ! Nobles trophées ! Déjà nos cathédrales et nos monumens étalent, sur leurs murs, les bannières conquises par la valeur de nos armées ! Elles ombragent glorieusement ces antiques murailles, comme une légende saisissable et matérielle de la gloire de nos armes !

Mais la pitié ne peut envisager sans tristesse ces monumens de notre gloire, car, dans leurs plis poudreux se cache une pensée de deuil, éveillée par le souvenir de tout le sang répandu pour les conquérir ! Le carnage du champ de bataille, le drame sanglant de la mêlée, semblent inscrits sur ces drapeaux, qui rappellent les terribles nécessités de la guerre, et l'humanité voile ses regards attendris devant les larmes des veuves et des mères dans lesquelles l'imagination les montre trempés, devant l'idée de tant de parens en deuil, de tant de foyers désolés, de tant de morts dont, par une triste association d'idées, ils semblent évoquer l'émouvant souvenir ! Saluons donc, avec enthousiasme, les trophées de la paix triomphante ! Ces trophées, qui n'auront coûté ni larmes, ni sang, et que les sueurs généreuses et fécondes des soldats de l'industrie auront seules arrosées ! Admirons les enfans de la France dans cette Bataille de la Vie, dont les conquêtes sont consacrées par l'amour et la liberté, dont le but est d'améliorer, par une concurrence généreuse, le sort de l'humanité, dont les glorieuses aspirations ont pour objet de vivifier et non de détruire, et où l'ennemi s'appelle la Routine ou l'Oisiveté! Que telle soit cette bataille, où la paix arbore le drapeau de la guerre la plus sainte, drapeau qu'illuminent les rayons étincelans de la philantropie et de cette fraternité qui prend sa source dans l'amour infini du créateur ! Que, sur le bouclier de la France, s'inscrive, en caractères de feu, la devise du génie, de l'habileté, des arts, de la science; et, puissent les lueurs de cette devise se refléter en chaudes coruscations et attirer les regards de l'Univers fasciné sur les murs du palais de l'Exposition de Londres ! !

La plume ne saurait donner qu'une idée bien imparfaite de l'aspect intérieur du Palais de Cristal. La vaste superficie partagée en quatre grandes divisions principales par les deux grandes avenues qui se coupent à angles droits, et sur lesquelles s'embranchent de nombreuses et élégantes colonnades; chaque compartiment, encombré des produits riches et variés de la nation à laquelle il est affecté; ici, le Persan, venu des chaudes régions où l'on adore le Dieu qui, à chaque aurore, sourit à ses fidèles en turban, étale les plis magnifiques de ses plus somptueuses soieries; là, le Russe entasse ses fourrures conquises dans les solitudes glaciales et désolées de la Sibérie; plus loin, l'habitant de Dehli, au teint de safran, dispose artistement ses parfums, ses cimeterres, ses pipes et ses tapis importés des bords du Gange, échantillons splendides du génie industrieux des enfans de Bramah, cote à cote avec le Chinois à la tête rasee, à la physionomie placide, au regard rusé, qui empile sur ses tablettes ses thés odorans et ses épices; à quelques pas plus loin, l'habitant de Ceylan, exhibant ses perles précieuses, ses chef-d'œuvres d'ivoire, ses bois de sandal parfumés, sa cannelle, ses coraux et ses rubis; puis, enfin, attirant tous les regards et éclipsant par ses splendeurs toutes les magnificences qui l'avoisinent, le KOOR I NOOR, ou la Montagne de lumière, l'immense diamant conquis l'an dernier dans les plaines de l'Hindostan, importé par la Compagnie des Indes, et dont la valeur est estimée à 4 millions de francs! Avec moins d'étonnement, mais avec un intérêt plus vrai, le regard s'arrête ensuite sur les bazars rivaux de la grande famille des nations européennes. Nous y trouvons toutes les conquêtes de l'art, toutes les recherches d'une civilisation plus avancée, visant, sans exception, au bien-être de l'homme ou à la satisfaction de ses goûts les plus délicats. Des tissus pour le protéger contre les intempéries de l'air, ou pour orner sa native nudité, les commodités de la vie domestique qui embellissent son intérieur; des machines, des modèles de navires et d'habitation, les ustensiles de l'imprimerie et de la gravure, des armes, des accoutremens, des outils, des sculptures, des ornemens, des bijoux, des jouets, des parures, et mille autres catégories dont nous n'entreprendrons pas l'infinissable nomenclature, se disputent l'attention à mesure que l'on parcourt, stupéfait d'une telle accumulation et d'une telle variété de richesses; les sections géographiques de l'Europe, l'Angleterre, la France et l'Allemagne, rivalisant de merveilles! Et, au milieu de cette grande lutte, saluons le drapeau si dignement arboré par les les Etats-Unis! Les merveilles de son archicture navale, les échantillons de ces prodigieuses machines, marquées au coin du génie si hardiment créateur de ses citoyens, peuvent soutenir et braver toutes les concurrences, et ne sont pas éclipsés par les produits, si parfaits qu'ils puissent être, des ateliers de la France et de la Grande-Bretagne.

C'est dans la salle des machines, disposée sur le côté nord de l'édifice, que le curieux devra se rendre pour admirer les merveilles mécaniques de l'Univers. Les différens appareils y sont disposés de façon à ce que l'homme spécial puisse embrasser d'un coup-d'œil tous les détails de leur construction, et se rendre un compte exact de leur puissance et de leur jeu. Ici, comme dans toutes les autres parties de ce grand édifice, on trouvera réunis, non-seulement tous les perfectionnemens connus, mais beaucoup d'autres qui, pour la première fois, viendront se révéler aux regards et demander leurs lettres de naturalisation dans le champ d'asile du progrès.

Cette masse énorme de richesses, accumulée par la cotisation des opulentes industries du monde, et disposée avec goût et élégance sous les yeux du spectateur ébloui, ces milliers de curieux de toutes les nations, avec l'infinie variété de leurs costumes; ces gracieuses toilettes et ces frais visages diaprant l'aspect du merveilleux panorama; tout cela réuni offrira un coup-d'œil qui, nous ne craignons pas de le prédire, fera oublier les fatigues et les frais de leur excursion à nos compatriotes des points les plus éloignés de la France, que la grande Exposition de Londres aura attirés sur les bords de la Tamise! Quant au parisien, à l'habitant des localités situées sur le trajet des lignes de fer qui aboutissent à la Manche, à la population de nos ports de mer qui font face à la vieille Angleterre, la concurrence leur rend ce voyage facile et peu coûteux. Les chemins de fer ont réduit leurs tarifs; il en est de même des steamers qui desservent les lignes anglaises. Pour les autres renseignemens utiles aux excursionnistes français, nous donnons plus loin quelques indications relatives aux lignes de fer et de bateaux à vapeur qui desservent les diverses routes de Londres.

On avait, pendant quelque temps, agité dans le public anglais la question de savoir s'il ne serait pas convenable d'ouvrir sans rétribution, pendant certains jours de la semaine, les portes du Palais de Cristal. Cette idée avait été énergiquement soutenue par M. Paxton, l'éminent architecte du bâtiment, qui soutenait que ce serait violer les lois de l'hospitalité, lorsqu'on conviait les exposans étrangers à prendre part à cette grande solennité, de prélever un impôt sur la curiosité du spectateur étranger. Néanmoins, après mûre réflexion, la majorité de la commission s'est arrêtée à cette conviction qu'il était indispensable de fixer un prix d'entrée modéré, pour opposer une digue à l'envahissement désordonné d'une foule anglaise, de cette tourbe de bas étage que la langue du pays décore de la qualification de *mob*, mot synonyme de tout ce qui est confusion, désordre, violence dans une multitude sans règle et sans frein. A ce titre, la décision prise par la commission mérite l'approbation sans réserve, nous le pensons, de tous les Français et des étrangers, en général, qui se résigneront volontiers à acquitter une faible prime d'assurance contre le désordre.

Le jury des récompenses est composé d'hommes choisis parmi les plus éminens de ceux qui représentent, à l'Exposition universelle, l'industrie des divers peuples.

L'Exposition universelle sera, sans doute, l'objet principal de la curiosité des touristes qui visiteront Londres pendant l'été de 1851. Il est, néanmoins, raisonnable de supposer que leur intérêt et leur curiosité seront subsidiairement excités d'une manière très vive par les innombrables merveilles qui attireront leurs regards dans la plus vaste cité du monde. Pour augmenter l'utilité de ce petit livre, dans l'intérêt de l'excursionniste français, nous avons cru devoir en faire une sorte de guide pour Londres et ses environs, en signalant les points les plus dignes de fixer son attention, et en donnant une description sommaire, émondée de toutes les disgressions parasites et de tous les détails oiseux, dont les *Cicerone* indigènes ont l'habitude d'assaisonner leurs explications.

Mais, pour commencer, prenons le voyageur au moment où il quitte, pour Londres, notre brillante et splendide capitale ; quatre chemins s'ouvrent devant lui : — Amiens et Calais, — Amiens et Boulogne,— Rouen et Dieppe,— Rouen et le Havre. — Sur les deux premières routes, le trajet par chemin de fer est plus long, la traversée par mer plus courte ; les ports d'embarquement sont à égale distance à peu près de Paris, mais le plus rapproché de la côte anglaise est Calais, séparé de Douvres par un espace de 7 lieues marines seulement, qui peut être franchi, en bateau à vapeur, dans un temps variant entre une heure trois quarts et deux heures. Comme nous donnons, plus loin, le tableau général des tarifs réduits, pendant la période de l'Exposition, sur les voies de fer et les bateaux à vapeur qui desservent les différentes routes, nous nous bornons ici à les faire connaître avec quelques détails sommaires. — Entre Douvres et Londres, il y a une distance d'environ 30 lieues françaises. La ville est ancienne, d'immenses travaux sont actuellement en cours d'exécution, pour agrandir et améliorer l'établissement maritime, afin d'en faire un port de refuge pour un grand nombre de navires. Le détail le plus intéressant du paysage environnant est le château, d'une haute antiquité, qui domine la ville. Les vénérables ruines de cet édifice, construit par Jules César, impressionnent vivement, par leur aspect pittoresque, l'artiste et le voyageur.

De Boulogne à Folkestone le trajet est un peu plus long qu'entre Calais et Douvres ; néanmoins on le franchit d'ordinaire en moins de deux heures. La ville de Folkestone n'offre rien qui mérite d'arrêter l'attention du voyageur; elle est à peu près à la même distance de Londres, que Douvres.

La route la plus courte est par Dieppe; ce port n'est séparé de Brighton que par une distance de vingt lieues, et le trajet s'effectue, d'ordinaire, en cinq heures. Brighton est la plus brillante ville du littoral anglais; sa vaste jetée s'avançant au loin dans la mer; — sa magnifique promenade de Steine qui côtoie le rivage; — le style de ses habitations; — la régularité et la propreté de ses rues; — l'opulence de ses habitants, qui s'y révèle à chaque pas, à des signes évidents, en font une localité des plus attrayantes et des plus dignes d'arrêter quelques heures, sur sa route, le visiteur français. Il n'est éloigné de Londres que de vingt lieues; les départs des trains de son chemin de fer se succèdent presque sans interruption, et le trajet est franchi en moins d'une heure et demie. Nombre de négociants de Londres quittent la Bourse et le comptoir à quatre heures, pour venir chaque jour, pendant la belle saison, dîner et coucher à Brighton.

La dernière route dont nous avons à parler, est celle du Havre, la plus intéressante de toutes et la plus digne des préférences du voyageur. Du Havre, nous n'avons rien à dire, tant la ville et ses pittoresques environs sont généralement connus de tous nos compatriotes, depuis que les chemins de fer, et surtout leurs Trains de Plaisirs, ont établi des communications si faciles, si rapides et si peu couteuses, entre cette cité florissante et les points les plus éloignés du territoire.

Pour se rendre du Havre en Angleterre, deux voies s'ouvrent devant le voyageur; il peut se rendre, par les mêmes bateaux, soit à Portsmouth, soit à Southampton, distance de trente-trois ou trente-sept lieues, en huit ou neuf heures, suivant qu'il choisit le premier ou le second de ces deux ports comme lieu de débarquement; il peut encore s'embarquer sur les paquebots de la ligne de Londres, la voie la plus directe et la moins coûteuse, mais la plus longue; trajet, cinquante-six lieues, que l'on franchit en vingt heures environ.

La traversée de Southampton, voie de Portsmouth, devient extrêmement intéressante, à mesure que l'on approche de la côte d'Angleterre; pendant près de trois heures, le bateau poursuit sa course rapide entre la pittoresque île de Wight et le littoral anglais proprement dit; on passe par la magnifique rade de Spithead, où sont mouillés les navires de guerre, et au large de Portsmouth; les voyageurs qui veulent débarquer sur ce point, sont conduits à terre dans une belle embarcation à rames. Portsmouth est le premier arsenal maritime de l'Angleterre; son port est protégé par un système de fortifications presque inexpugnable; ses chantiers de construction sont les plus vastes du monde. Le touriste qui s'arrête pour visiter ce port grandiose y trouve mille merveilles, dignes de fixer son attention et sa curiosité. — La distance entre Londres et Portsmouth est, par chemin de fer, d'environ trente-huit lieues.

Southampton est situé à cinq lieues, ou une heure de marche au-delà de Portsmouth; mais cette différence est largement compensée par les nombreux éléments d'attrait qu'y rencontre le voyageur. Du côté de l'île de Wight, la ville de Ryde avec ses blanches villas, ses massifs de verdure, ses jardins échelonnés en amphithéâtre déroule, aux yeux ravis, le plus pittoresque panorama. Son élégante jetée se prolonge dans la mer sur une étendue de huit cents mètres ; le littoral de l'île est semé de merveilleuses habitations, séjours d'une aristocratie opulente, amoureuse du luxe, du confort et des paysages maritimes, et parmi lesquelles brille, au premier rang, au milieu d'un parc magnifique, le palais de la Reine Victoria : **Osborne** ! Tout auprès se trouvent la ville et le port de Cowes, ce point de ralliement du Royal Yacht Club, dont les charmans bâtimens de toutes formes sillonnent, sans cesse, en tous sens, cette baie délicieuse et donnent à l'ensemble du paysage, l'aspect le plus animé. Bientôt on entre dans la rivière de Southampton ; à l'embouchure, s'élèvent les tours du vieux château fort de Calshot. Les deux rives sont émaillées de châteaux, de fermes et de villages. Voici les ruines pittoresques de Netley-Abbey, à demi cachées dans un massif d'arbres centenaires ; voici le dock, où tout d'abord l'attention du voyageur est attirée par les splendides bateaux à vapeur de la ligne des Indes-Occidentales et de la compagnie Péninsulaire et Orientale.

La plupart de ces bâtiments jaugent près de 2,000 tonneaux. Les uns nous apportent en 18 jours les malles de nos Antilles françaises ; les autres en 12 jours les correspondances d'Alexandrie. La France, qui n'a pas de lignes nationales, est réduite à payer un tribut à ces grandes entreprises créées par les capitaux et le génie d'entreprise de l'Angleterre, et que le Gouvernement anglais, plus soucieux que le nôtre des véritables intérêts du commerce, a le bon esprit de soutenir par un système de libérales subventions.

Southampton est une ville coquette et d'une propreté excessive ; mais les habitations sont peu élevées et la localité, en somme, ne présente, comme ville, rien de bien intéressant. Southampton est distant de Londres de 32 lieues ; les départs des convois de son chemin de fer sont très fréquents ; le trajet est franchi en 2 heures 1/2 par les trains ordinaires, en 2 heures par les convois *express*.

La quatrième route dont nous avons à parler, est celle du Havre à Londres, directement par bateaux à vapeur. Pendant le temps de l'exposition, des bateaux supplémentaires seront mis sur cette ligne. C'est la voie la plus longue, mais assurément la plus intéressante. D'ordinaire on traverse la Manche dans la direction de Hastings ou de Brighton ; le reste du trajet est extrêmement attrayant : Douvres, Deal, Ramsgate, Broadstairs, Margate et une foule d'autres pittoresques localités jalonnent le littoral jusqu'à l'embouchure de la Tamise. A gauche, se déroulent les riantes perspectives du comté de Kent. Tout le paysage de ce côté est semé de jolis villages, de vastes fermes et de vieux clochers. Sur la droite, s'étendent les rives plates et tristes des comtés de Suffolk et d'Essex.

Les chantiers de Sheerness et Chatham, les coques colossales des navires de guerre mouillés, sur leurs ancres, dans la rivière Medway, qui se jette dans la Tamise, vers son embouchure, composent les détails d'un paysage maritime devant lequel peu d'étrangers passent indifférens. Mais voici Gravesend, l'avant-port de Londres, Gravesend avec sa belle rade, où l'on voit constamment mouillés un grand nombre de bâtimens de toutes les nations. Le port de Tilbury lui fait face sur l'autre rive; ses abords sont hérissés de pièces d'artillerie d'un gros calibre; il défend le passage de la Tamise, comme une sentinelle avancée de la grande métropole.

Le coup-d'œil animé que présente la rivière entre Gravesend et Londres, ne saurait se décrire. D'innombrables navires, portant les couleurs de tous les peuples du monde, remontent le fleuve vers la capitale ou le descendent, en rangs serrés, à destination des divers points du globe. D'innombrables bateaux à vapeur vont et viennent contre vent et marée, et des myriades de petites embarcations animent le mouvant panorama et sillonnent la surface des eaux comme les dyptères que l'on voit dans l'été voltiger sur les lacs et les étangs. Tout est mouvement, animation, surprise, imprévu, dans cette scène magique, lorsque pour la première fois elle se déroule devant les yeux du voyageur !

A trois lieues, environ, avant d'arriver à Londres, on passe devant la ville et l'arsenal de Woolwich ; c'est là le principal dépôt d'artillerie, d'armes et de munitions de guerre de la Grande-Bretagne. On y trouve, également, de vastes casernes et d'importans chantiers de constructions navales ; un peu plus loin, sur la rive opposée, est assis Blackwall, où sont situés les immenses bassins de la compagnie des Indes-Orientales et Occidentales, rendez-vous des plus beaux navires marchands de l'univers.

Voici maintenant Greenwich et son célèbre hospice ; cet admirable établissement est situé sur le territoire du comté de Kent, sur la rive gauche de la Tamise. Il date du règne d'Elisabeth, et fut, dans le principe, une demeure royale, que cette souveraine vint souvent habiter, mais qui devait plus tard recevoir une plus utile destination. On en fit un asile pour les marins, accablés sous le fardeau des ans, ou atteints de glorieuses infirmités gagnées au service de leur pays. L'édifice se compose de deux corps de bâtimens spacieux, construits en pierre de taille et surmontés de dômes. Leurs façades sont d'un grand style, et la terrasse, qui s'étend parallèlement au fleuve, est de l'effet le plus grandiose. C'est cette terrasse qu'arpentent, paresseusement, les invalides de l'armée navale, revêtus de leurs chauds uniformes bleus, environnés, au déclin de leur utile carrière, de tout le bien-être qu'assure à ses défenseurs, pour prix de leurs longs services, leur pays reconnaissant. Cet établissement, par sa destination, par son organisation et sa discipline intérieure, a des points nombreux d'analogie avec notre Hôtel des Invalides de Paris.

Le reste du parcours de la rivière, jusqu'à Londres, présente l'aspect d'une forêt de mâts, qui n'est interrompue que par des espaces ménagés entre les navires mouillés, pour livrer passage aux embarcations qui circulent entre les deux rives du fleuve. Bientôt on atteint St-Catherine's-Wharf, où les voyageurs débarquent.

Les bagages sont, ici, pour la forme, soumis à un rapide et superficiel examen par les employés de la Douane. Le voyageur peut ensuite monter en cabriolet et se faire conduire vers le point de la métropole qu'il désignera. Mais, comme le premier soin du cocher est d'afficher des prétentions outrées, nous appelons l'attention sur le tarif des courses que nous donnons plus loin.

Si le visiteur n'a pas, à l'avance, pris de décision en ce qui concerne le chapitre du logement, nous l'engageons également à jeter les yeux sur la liste des établissemens que nous recommandons à la fin de ce volume.

Comme Paris, Londres a ses divers quartiers, où la vie est chère, peu coûteuse ou à vil prix, suivant le tarif capricieux établi par la Vogue. Les logemens situés aux environs des parcs sont à des prix fantastiques, en tout temps, et le seront, surtout, pendant la période de l'Exposition. Le voyageur opulent n'a pas besoin de guide ; il trouve aisément le chemin du logement toujours disposé dans la prévision de sa venue. La Mode lui fournit le fil conducteur qui le guide à travers le labyrinthe de la grande cité. Mais la classe la plus nombreuse et aux ressources plus limitées, à laquelle s'adressent, plus particulièrement, nos conseils, trouvera des logemens très économiques aux abords de Soho-Square, Golden-Square et Leicester-Square, régions qui, bien que répudiées par la Fashion exclusive, n'en sont pas moins situées à proximité des premiers théâtres et des lieux d'amusement publics, en même temps qu'ils abondent en restaurans et en cafés dont les tarifs sont en harmonie avec la bourse des cliens modestes. — Notons, en passant, qu'un grand nombre de magasins français se rencontrent dans ces quartiers.

Ce qui frappe tout d'abord l'attention de l'étranger, à Londres, ce sont les *Parks*. Le plus attrayant de tous, en ce moment surtout, est Hyde-Park, qui, à son intérêt normal, joint la présence du Palais de Cristal établi sur son territoire. Sa superficie est de 500 acres environ. Il abonde en magnifiques bouquets d'arbres, jetant leurs ombrages sur ses vastes pelouses. Un beau cours d'eau le traverse. C'est la Rivière Serpentine, dont le nom exprime heureusement les méandres capricieux. L'entrée principale de ce *Park* est par Piccadilly ;

ses portes grandioses font face aux arcades du vestibule de Buckingham-Palace, les Tuileries de Londres. Sur ses arcades, se dresse la statue équestre colossale du duc de Wellington, dont, en face, touchant presque à l'entrée de Hyde-Park, on trouve la résidence. De l'entrée du parc, au Palais de l'Exposition, la distance est d'environ 700 mètres par l'avenue du parc dite Rotten-Row, et réservée exclusivement aux équipages particuliers, aux cavaliers et aux piétons. Une autre route ouverte indistinctement aux voitures de toutes sortes, et par Knightsbridge. Hyde-Park s'étend dans la direction du Nord, jusqu'à Oxford-Street, où l'entrée se compose d'une arcade grandiose en marbre blanc, qui, récemment, figurait devant la façade de Buckingham-Palace.

Saint-James-Park est une délicieuse promenade ; le palais royal, résidence de ville de la reine Victoria, est situé à son extrémité Ouest, et l'arcade, avec la statue colossale du duc de Wellington, dont nous parlons plus haut, en forme l'entrée principale. La façade du palais a des lignes élégantes, mais peu grandioses. Un jardin très coquet, richement planté d'arbustes et de fleurs indigènes et exotiques, s'étend jusqu'à l'extrémité Est du park, qui comprend également une belle et vaste pièce d'eau, sur laquelle on voit vaguer de beaux cygnes noirs et blancs, et toutes sortes d'oiseaux aquatiques aux plumages les plus variés. Tout autour du parc, se développe une large chaussée, entourée de belles avenues d'arbres, et bordée par les plus somptueuses résidences de l'aristocratie anglaise. A l'extrémité Est, s'élèvent les casernes des Horse-Guards et les bâtimens de l'Amirauté ; ils font face au palais de Buckingham. Dans l'espace libre, ménagé entre ces édifices et les jardins, les gardes-du-corps sont passés chaque matin en revue, entre dix et onze heures, avec leurs musiques militaires et leurs drapeaux.

Sur le côté nord de Saint-James-Park, s'élève le sombre et vieil édifice en briques qui se nomme le palais de Saint-James; ce n'est plus une résidence royale, bien que la Reine y tienne quelquefois ses levers. C'est un poste occupé par les gardes royales, dont la musique, chaque matin, à onze heures, exécute des morceaux d'harmonie, qui ne manquent jamais d'attirer la foule. Sur un des côtés de cet édifice disgracieux, s'élève l'habitation monumentale du duc de Sutherland (le plus riche propriétaire de l'Angleterre peut-être), STAFFORD-HOUSE. Sur l'autre, s'étend une rangée de constructions élégantes, CARLETON-TERRACE. De cette partie du parc, on accède à Pall-Mall et Waterloo-Place par un beau perron de marches en pierres, que surmonte la statue colossale du duc d'York. La rue de Pall-Mall, qui s'étend depuis le palais de Saint-James jusqu'à Trafalgar-Square, est, de toutes les rues de Londres, celle qui présente l'aspect le plus monumental; c'est dans cette rue que sont situés les plus beaux clubs, dont quelques-uns sont remarquables par leur structure, et dont la distribution et le luxe intérieur ne le cèdent, en rien, aux plus riches palais. Le Club de la *Réforme*, par une antiphrase assez piquante, est un des plus somptueux de ces édifices; il est fréquenté, exclusivement, par les membres du Parlement qui appartiennent à l'opposition.

L'étranger est tout d'abord frappé de l'aspect que présente TRAFALGAR-SQUARE; c'est, sans comparaison, le plus beau coup-d'œil de Londres. Il comprend un vaste espace sur le dernier plan duquel s'élève le **National-Gallery**, musée de peinture et de sculpture, dont l'architecture a été sévèrement et justement critiquée ; au milieu de la place se dresse une superbe colonne corinthienne, érigée, par la Nation, à la mémoire de son héros naval, Lord Nelson. Cette colonne est surmontée de la statue colossale du grand amiral, et les quatre faces du piédestal sont ornées de bas-reliefs en bronze qui rappellent les batailles dans lesquelles il a immortalisé son nom. Les fontaines qui jaillissent autour du monument, bien qu'elles donnent de l'éclat et de la vie à ses abords, ne sauraient, cependant, être comparées à celles de la Place de la Concorde, à Paris. Nous devons signaler à l'attention de nos compatriotes l'église de Saint-Martins, qui s'élève sur le côté Est de ce square, et dont le portique est un véritable chef-d'œuvre d'architecture. Du pied de la colonne, le regard embrasse, au Sud, Charing-Cross et Parliament-Street, une des grandes artères de la circulation de la métropole, et, à l'Est, le **Strand**, à l'entrée duquel se trouve l'immense hôtel du duc de Northumberland, dont la porte cochère est surmontée d'un lion colossal. Le Strand est une magnifique voie qui s'étend, sur une longueur de plus d'un mille, jusqu'à l'arcade dite **Temple-Bar**. C'est une rue large, admirablement pavée et qui se compose d'une série, en apparence sans fin, d'opulens magasins. Sur le côté Sud de la voie s'élèvent les bâtimens de Somerset-House, édifice qui affecte la forme d'un quadrilatère, et dans lequel sont installés divers ureaux du Gouvernement. La façade qui donne sur la rue ne présente rien d'intéressant, mais celle qui s'étend parallèlement à la rivière est d'un très beau style. A l'extrémité Est du Strand nous trouvons Temple-Bar, la vieille ligne de démarcation entre les cités de Londres et de Westminster. Aujourd'hui, on ne le conserve plus que comme une relique, un souvenir des anciens temps. Lorsque la reine d'Angleterre fait son entrée dans la Cité, venant du côté deWestminster, il est encore d'usage d'observer la vieille tradition : la barrière de Temple-Bar est fermée, et le Lord Mayor, se conformant aux lois d'une étiquette séculaire, en présente les clés à la Souveraine.

La Cité de Londres, proprement dite,est le quartier principal du commerce et des affaires; ce quartier s'étend depuis Aldgate à l'Est, jusqu'à Temple-Bar à l'Ouest. Dans sa partie centrale s'élève la magnifique cathédrale de Saint-Paul, dont nous allons donner ici une courte description.

Nous supposerons que le touriste s'approche de ce monument grandiose en suivant la route que nous venons de décrire, c'est-à-dire en arrivant du Ouest ou de Temple-Bar, débouchant de Fleet-Street, au moment où il atteint Ludgate-Hill; la façade ouest de l'immense monument se présente à ses regards, qui s'arrêtent d'abord sur un péristyle d'une grandiose et d'une richesse architecturale incomparables. Ce péristyle se compose d'une rangée inférieure de hautes colonnes corinthiennes; au dessus,s'élève une autre colonnade de huit piliers d'ordre composite; le tout repose sur une base élevée à laquelle on accède par un perron de marches de marbre noir qui s'étendent sur toute la largeur du portique. Au dessus du point d'intersection des lignes qui composent la forme cruciale du monument s'élève un dôme majestueux, surmonté d'une lanterne dont la base est entourée d'un balcon, et sur le sommet duquel reposent une boule dorée et une croix. Dans l'intérieur de cette boule, bien que du parvis elle paraisse grosse à peine comme une orange, douze personnes peuvent tenir à l'aise. Les dimensions de la cathédrale sont : 500 pieds de longueur; largeur, 250 pieds; hauteur jusqu'à l'extrémité supérieure de la croix qui surmonte le dôme, 340 pieds; diamètre extérieur du dôme, 145; circonférence totale de l'édifice, 2,292 pieds. La première pierre du monument fut posée par son illustre architecte, Sir Christophe Wren, en 1675 ; la construction fut menée à bonne fin, par le même célèbre artiste, dans le court espace de 35 ans. Une inscription latine, commémorative de la gloire de Wren, se lit au-dessus du chœur; elle; en voici la traduction :

« Ci-gît Christopher Wren, qui vécut au-delà de quatre-» vingt-dix ans, non pour lui seulement-même, mais pour le » public. Si tu demandes quel fut son œuvre, regarde autour » de toi. »

Au nombre des curiosités du monument, nous nous bornerons à signaler le *Whispering Gallery* (la Galerie des Chuchotteurs), qui s'étend intérieurement autour du dôme, et dans laquelle les mots chuchottés contre les murs, dans le ton le plus bas, sont distinctement entendus de l'autre côté, l'horloge, le beffroi, qu'on ne sonne que lors de la mort des souverains, le modèle en relief de la cathédrale, et les nombreux monumens élevés dans son enceinte aux illustrations de la Grande-Bretagne.

On reproche à l'Angleterre de prélever un tribut sur la curiosité de ceux qui vont visiter cet édifice.

Il en est ainsi, du reste, de la plupart des autres monumens de Londres. Voici quel est le tarif, en ce qui concerne la cathédrale de Saint-Paul : entrée de l'édifice, 2 pence (20 cent.) ; *Whispering Gallery* et galeries extérieures, 6 pence (60 cent.) ; beffroi, etc., 1 shelling (1 fr. 25 cent.) ; horloge, 2 pences ; crypte ou voûtes, 1 shelling, etc. Dépense totale : 4 shellings 4 pence (un peu plus de 5 fr.)

Il est question, cependant, de supprimer ce tarif pendant la période de l'Exposition. Quoi qu'il en soit, les curieux sont admis tous les jours, depuis dix heures du matin jusqu'au soir. Nous engageons nos compatriotes à choisir, pour leur visite, l'heure de midi. A ce moment de la journée, le soleil éclaire, (lorsqu'il se montre,) de la façon la plus favorable, la perspective des rues, les lignes des maisons, la foule des équipages et des passans, tous les détails, en un mot, du magique panorama qui se déroule sous les regards du spectateur, debout sur la haute galerie qui entoure le dôme. Vus de cette hauteur, les hommes et les chevaux prennent les proportions de ces marionnettes qui s'agitent sur un théâtre de Fantocini. La scène est à la fois grandiose et amusante à l'extrême.

Pour terminer cette courte esquisse de la cathédrale, il nous suffira de dire, sans crainte d'être démentis, que c'est un des plus magnifiques monumens de la civilisation moderne, et la couronne de la grande cité.

Les principaux monumens que l'on rencontre sur sa route, dans la Cité de Londres, en quittant Saint-Paul, sont, à l'Est, le GENERAL-POST-OFFICE, ou Hôtel central des Postes, immense édifice en pierre, situé dans la rue Saint-Martins-le-

Grand, et précédé d'un magnifique vestibule; — l'activité, le mouvement qui règnent dans cet établissement, sont immenses. — Plus loin, le **Guildhall**, ou Hôtel-de-Ville, où se donnent les banquets de la Cité; —puis, la **Banque d'Angleterre**; le **Mansion-House**, résidence du Lord-Maire de Londres, magistrat élu chaque année par les citoyens, et qui est le roi municipal de la Cité; le **Royal-Exchange**, ou la Bourse; le **East-India-House**, où se trouvent les bureaux de la puissante compagnie des Indes, et le **Mint**, ou la Monnaie.

La plupart de ces édifices sont fort spacieux, et quelques-uns d'entre eux ont des prétentions architecturales. Le Royal-Exchange mérite notamment de fixer l'attention du voyageur. Le monument dont il occupe l'emplacement fut détruit par le feu en 1838. La première pierre du monument actuel fut posée par le prince Albert, en 1842, et la Bourse fut inaugurée par la reine Victoria en personne, à la fin de 1844. Le portique qui fait face à l'Ouest est d'un beau style. Au milieu de la cour, s'élève une remarquable statue en pierre de la reine Victoria, et, sur la place qui s'étend devant la façade, se dresse une magnifique statue équestre, en bronze, du duc de Wellington, due au ciseau de l'immortel sculpteur anglais Chanterey.

L'ornementation architecturale extérieure de East-India-House, dans Leadenhall-street, est digne d'attirer les regards du passant, et le Musée-Oriental installé à l'intérieur mérite également d'être visité. — Entrée libre tous les samedis de onze à trois heures.

La célèbre **Tour de Londres** participe à la fois au triple caractère du château fort, du palais et de la prison, et a toujours été un des monumens qui ont tenu la première place dans le programme, arrêté à l'avance, des pérégrinations de l'étranger visitant Londres. Nous n'entreprendrons pas ici de rappeler, même sommairement, ses chroniques; disons seulement que sa fondation remonte à Jules César. Elle fut restaurée par Guillaume-le-Conquérant, et, depuis cette époque cessa d'être habitée, comme résidence royale, par les divers souverains qui occupèrent successivement le trône d'Angleterre, jusqu'au règne de la reine Elizabeth.

L'intérieur de la Tour a toute la physionomie d'une ville fortifiée ; il comprend plusieurs rues, une église et un grand nombre de corps de bâtimens divers. Dans l'un d'eux sont exposés la couronne d'Angleterre et les ornemens royaux dont font partie des joyaux d'une immense valeur; dans un autre se trouve le musée des armures, collection des plus intéressantes par son antiquité, l'admirable état d'entretien des pièces qui la composent, et leur pittoresque arrangement. La Tour renferme aussi une vaste caserne, constamment occupée par un des régimens des gardes. La Tour-Blanche (*White-Tower*) est un grand édifice carré, qui se dresse au centre de cette antique forteresse ; le fossé qui, naguère, entourait la Tour, a été récemment remblayé, planté d'arbres, et disposé en champ de manœuvres pour la garnison.— Ainsi que nous le disons plus haut, il n'entrerait pas dans le plan de ce petit livre de rappeler tous les souvenirs historiques qui se rattachent à cet édifice. Rappelons seulement que des rois, des princes, des nobles, des reines, victimes de la tyrannie, de l'ambition, de la jalousie, ont langui sous ces tourelles, à l'ombre desquelles ils reposent aujourd'hui, et sur lesquelles le chantre des *Enfans d'Edouard*, notre Casimir Delavigne, a répandu un si poétique intérêt !

Le duc de Wellington est le Constable ou gouverneur de la Tour de Londres ; toutes les parties de l'édifice sont gratuitement accessibles au public, excepté la salle des armures et celle des joyaux de la couronne, où la rétribution d'entrée est fixée à 6 pences (60 centimes.) Le côté sud de la Tour fait face à la Tamise, dont il est séparé par un fossé et un chemin couvert. Les nombreuses portes de la forteresse sont encore aujourd'hui ouvertes et fermées, matin et soir, avec la solennité traditionnelle des époques féodales. — La Grande-Bretagne possède peu de monumens aussi dignes d'intérêt que la Tour de Londres.

Mais voici que nous arrivons dans le quartier Est de Londres ; c'est ici le voisinage des Docks, la terre classique du commerce, le vaste entrepôt de l'opulence mercantile de l'Angleterre. Immédiatement au-dessous de la Tour, et tout près du quai où les bateaux à vapeur du Havre débarquent leurs passagers, se trouvent les **Docks de Saint-Catherine.** 120 grands navires peuvent y tenir à l'aise, indépendamment d'un grand nombre d'alléges et de petites embarcations. Les entrepôts et les voûtes offrent un emplacement suffisant pour loger 120,000 tonneaux de marchandises. Les dispositions prises pour le chargement et le déchargement des navires au moyen des appareils les plus ingénieux, assurent aux opérations du commerce maritime les plus grands avantages, au double point de vue de l'économie et de l'expédition. Une cargaison dont la mise à terre exigeait, il y a quelques années, douze ou quinze jours, peut être, aujourd'hui, déchargée en un jour ou deux. La construction de ces docks a entraîné une dépense de 2 millions sterling (50 millions de francs).

Nous arrivons ensuite aux **London-Docks**, séparés de ceux de Sainte-Catherine par une voie emmurée. Ce magnifique établissement maritime s'étend sur un emplacement de plus de 100 acres. 500 navires peuvent y trouver place ; il a coûté 100 millions de francs à créer. L'entrepôt des tabacs, seul, couvre un emplacement de 5 acres. Les caves affectées à l'emmagasinement des vins et esprits peuvent contenir 60 mille pipes. Une des voûtes a une étendue de 7 acres, et son architecture souterraine, ses lignes régulières et son admirable propreté la rendent extrêmement digne de fixer l'attention du voyageur.

En quittant les London-Docks, nous nous trouvons dans le voisinage d'un des monumens les plus curieux de la capitale du Royaume-Uni : **le Tunnel de Londres.**

Cette gigantesque entreprise est, sans contredit, un des plus étonnans trophées du génie audacieux de l'homme. Elle éclipse toutes les plus colossales conceptions que l'antiquité nous a léguées, et l'avenir réussira difficilement à réaliser un échantillon plus remarquable de ce que peut engendrer l'industrie humaine, servie par les inspirations d'un grand talent. Depuis des siècles, la nécessité de créer des moyens de communication faciles, rapides et directs entre les deux rives de la Tamise, de relier les quartiers de Rotherhithe et de Wapping, avait été comprise par la population de Londres, condamnée soit à faire un long détour, de près de dix kilomètres, par London-Bridge, soit à emprunter la voie lente et coûteuse des passerelles. Le projet de construction d'un pont n'avait jamais été sérieusement mis en avant, car un semblable moyen de communication eût opposé un obstacle insurmontable à la navigation, sur un des points du fleuve à proximité du quartier le plus fréquenté du port de Londres, et eût arrêté les navires, même du plus petit tonnage. On avait bien songé à un tunnel, mais le niveau inégal du lit du fleuve, la nature friable des fonds, et diverses autres causes, avaient fait, après quelques essais, abandonner ce plan comme irréalisable.

Il était réservé à l'ingénieur Brunel d'entreprendre ce travail et de mettre la population de Londres à même d'enjamber la Tamise. Le génie de notre illustre compatriote embrassa ce projet, qui n'avait jamais été considéré que comme une utopie et un rêve, avec une puissance de génie, une précision de vues et une vigueur de détermination, capables de surmonter tous les obstacles et de résoudre victorieusement le vaste problème. Le grand ingénieur entreprit cette tâche, glorieuse autant qu'utile, il y a un quart de siècle, dans l'année 1825; il se mit à l'œuvre sur la rive Sud de la rivière. Les travaux remplirent une période de dix-huit années, signalées par deux incidens déplorables; à deux reprises, en effet, c'est-à-dire en mai 1827 et dans le mois de janvier 1828, les eaux de la rivière firent irruption dans l'excavation. La première fois, les soixante ouvriers qui y étaient occupés réussirent, cinq par cinq, à s'échapper par l'escalier. Mais, la seconde, six hommes se noyèrent. Le fils de l'ingénieur, M. Brunel, qui dirigeait les travailleurs, se sauva à la nage et réussit, par son sang-froid et son humain dévoûment, à sauver beaucoup de ses compagnons. En 1843, le Tunnel fut ouvert au public, et inauguré avec toute la pompe et toute la solennité que comportait un événement sans précédent dans les fastes de l'industrie, et le magnifique succès de Brunel fut récompensé par des lettres de noblesse que lui décerna, au nom d'une nation reconnaissante, la Reine de la Grande-Bretagne.

Le tunnel est formé d'une masse quadrangulaire de maçonnerie d'une largeur de 37 pieds et d'une hauteur de 22; il se compose d'une double voie en arcades pour les piétons et les voitures. Les deux voies sont séparées par une ligne centrale sur laquelle s'embranchent, de distance en distance, des passages qui communiquent avec les galeries latérales. La longueur totale du Tunnel est de 1,300 pieds, et l'épaisseur du terre-plein, entre les parois de la voûte et le lit de la rivière, de 15 pieds. Il est bien éclairé au gaz. Les voies réservées aux voitures n'ont pas été jusqu'àprésent utilisées par le commerce, les plans inclinés n'étant pas encore disposés. Sous les arcades sont disposées des montres pour la vente d'articles de fantaisie, de telle sorte que la galerie présente l'aspect original d'un bazar sous-marin.

La dépense totale de ce gigantesque travail s'éleva à 12,000,000 de francs. Le péage est de 1 penny (10 centimes), et aucun admirateur de l'art ou du merveilleux ne regrettera l'obole qu'il paiera pour traverser cette galerie magique, qui semble un des aboutissans du royaume infernal des anciens poètes, le moderne *fac-simile* de cette gorge de l'Averne, dans laquelle, au moment de descendre aux sombres bords, s'engagea hardiment le fils d'Anchise, protégé par le magique rameau d'or.—Ainsi, dans notre siècle industriel, réalisant les prodiges d'une époque fabuleuse, s'aventurent, dans les entrailles de la terre, sous le lit des fleuves et dans les plaines de l'air, les génies audacieux qui ont su cueillir les rameaux de l'arbre de la science, talismans qui rendent les hommes du XIXe siècle les rivaux des demi-dieux de l'antiquité payenne!! — Le grand homme, dont ce magnifique travail a immortalisé le nom, Sir Isidore Brunel, est mort, l'année dernière, à Londres, dans un âge très avancé. Puisse l'admirable échantillon de son vaste génie et de son indomptable persévérance, transmettre aux siècles à venir le durable souvenir de son nom que l'humanité burinera dans ses annales!

En sortant du Tunnel, nous nous trouvons dans Wapping-Street, à proximité du débarcadère du chemin de fer de Blackwall; c'est le cas de visiter les autres grands docks de Londres, situés dans ce quartier. Nous nous dirigeons donc par *Gravel-Lane*, vers la station la plus voisine de la ligne de Blackwell, et, moyennant 5 ou 6 sous, nous sommes conduits en peu d'instans jusqu'à l'emplacement de ces vastes établissemens maritimes. Les docks des Indes-Occidentales se composent de deux immenses bassins, qui s'appellent les *Import* et *Export Docks*, suivant leur destination spéciale. Avec leurs quais et leurs entrepôts, ils couvrent un emplacement de 295 acres, et plusieurs centaines de navires peuvent y trouver place.

Tout auprès sont établis les docks des Indes-Orientales (*East-India docks*), qui sont aussi extrêmement spacieux, et fréquentés spécialement par les navires employés dans la navigation des Indes-Orientales et de la Chine ; les plus beaux navires marchands du monde, sans contredit.

A la différence de ceux du Havre, les bassins de Londres sont enclos de hautes murailles, dont les barrières sont fermées le soir, dans le but de garantir contre toute tentative les immenses valeurs qui y sont constamment emmagasinées.

En revenant de visiter les docks de Blackwall, nous reviendrons vers la Tamise, la grande artère de circulation de la capitale. Les myriades de rapides bateaux à vapeur qui glissent comme des météores sur la surface du fleuve, faisant escale auprès de chaque pont pour prendre et déposer des voyageurs, offrent, surtout lorsque le temps est beau, un très agréable et surtout un fort économique moyen de transport à travers la grande ville, dans la direction de l'Est et de l'Ouest, d'autant plus que la voie de terre s'étend, parallèlement à la voie d'eau, depuis White-Chapel jusqu'à Charing-Cross. En allant vers l'Ouest, c'est-à-dire en remontant la rivière, le passager débarque à **London-Bridge**, à proximité de *Thames-Street*, *King-William's-Street*, *Freachurch-street*, *Leadenhall-Street*, *Lombard-Street*, *Cornhill*, *Royal Exchange* (la Bourse), la Banque d'Angleterre, et les quartiers avoisinans. Le pont ci-dessus étant le premier auquel on arrive en remontant la rivière, le plus ancien, et celui qui a été, pendant des siècles, le seul pont établissant des communications entre les deux rives de la Tamise, a pris le nom générique de *London-Bridge* ou pont de Londres ; c'est le contemporain vénérable de notre Pont-Neuf, le plus ancien des ponts de Paris.

Le pont actuel, magnifique construction, fut élevé entre les années 1825 et 1831. Le diamètre de ses arches semi-elliptiques, est plus vaste que celui de toutes les autres constructions analogues qui existent en Europe. Sa hauteur, au-dessus du niveau des basses eaux du fleuve, est de 45 pieds. Il forme le trait d'union entre la cité de Londres et Southwark, ce district populeux de la métropole situé sur la rive Sud de la Tamise. La circulation sur ce pont est plus active que sur tout autre point de Londres, et même, nous pouvons le dire, sur tout autre point de l'Univers. Pendant les heures de la journée où les affaires sont les plus actives, la file des voitures traverse ce pont, presque sans interruption; c'est une procession non interrompue, et la scène qui s'étend au-dessus, ces milliers d'embarcations qui sillonnent en tous sens la surface du fleuve, n'offrent pas une physionomie moins saisissante par son animation extraordinaire. L'étranger fera bien de s'arrêter un instant au milieu de l'arche centrale et de promener ses regards sur le merveilleux panorama qui s'étend autour de lui et sous ses pieds. Il pourra se faire ainsi une idée de la merveilleuse activité, de la vie, du mouvement de cette grande ruche humaine, de cet incomparable centre commercial, qui a nom : **Londres** !

Emporté sur le pont d'un rapide pyroscaphe, le voyageur arrive ensuite à *Southwark-Bridge*. C'est un pont en fonte, dont le poids total est de 3,608 tonneaux (sept millions huit cent soixante mille livres pesant.) Il a coûté à construire environ 25 millions de francs.. L'architecture de ce pont fait l'admiration de tous les ingénieurs. L'espace qui s'étend entre les deux piles est de 708 pieds; Southwark-

Bridge repose sur trois grandes arches. L'arche centrale a un diamètre de 240 pieds ; celles de droite et de gauche 210 pieds, c'est-à-dire que leurs proportions dépassent celles du Rialto, de Venise. Debout, sur le point culminant de ce pont, le promeneur jouit d'une admirable vue de Londres qu'il ne rencontrera sur aucun autre point. — Le péage est de un demi penny (un sou.)

En débarquant ici, on accède directement, par le pont, à Canon-Street, Cheapside, la grande avenue de la cité, Saint-Martins-le-Grand, Saint-Paul, Newgate-Street, Snow-Hill, Holborn et les quartiers limitrophes.

Le troisième pont auquel nous arrivons en laissant derrière nous London-Bridge, est celui de *Blackfriars*. Sa construction remonte à un siècle. Il est remarquable par la légèreté de son architecture En débarquant sur ce point, nous nous trouvons à peu de distance de Farringdon-Street, Fleet-Street, le quartier des détenus pour dettes, Chancery-Lane et le Temple, terre classique et champ d'asile des hommes de loi de tous les degrés qui se distinguent, en Angleterre, s'il faut en croire les poètes, les romanciers et les médisans, par une rapacité bien autrement exagérée que celle qui a valu aux procureurs français leur renommée traditionnelle. C'est dans les bureaux de Chancery-Lane que se trouvent déposés les titres de propriétés des riches orphelines placées sous la tutelle de l'Etat. Moyennant une faible rétribution, on peut compulser ces intéressantes archives ; les aventuriers de Londres, font souvent, de ce côté, de pieux pélerinages pour calculer les avantages matériels d'un mariage d'inclination! Le résultat de cet examen est décisif d'ordinaire, et dans un grand nombre de cas, une visite à Chancery-Lane est le prélude d'une excursion à Gretna-Green, localité où, sans exiger l'accomplissement de formalités embarrassantes, un Vulcain complaisant se montre toujours disposé à battre, pendant qu'il est chaud, le fer d'une inclination mutuelle et à forger les chaînes matrimoniales!

Voici, plus bas, le pont de Waterloo, *Waterloo-Bridge*, une des gloires de Londres; ce pont a été construit par Rennie, entre les années 1811 et 1817; sa chaussée offre une surface plane. Canova n'hésitait pas à dire que c'était le plus beau pont du monde, et notre compatriote, M. Ch. Dupin, l'a comparé aux plus gigantesques monumens que nous aient légués les Sésostris et les Césars! Il se compose de neuf arches d'un diamètre de 120 pieds chacun; c'est la propriété d'une compagnie particulière. Le péage est d'un halfpenny (5 centimes) pour les piétons, et de deux pence (20 centimes) pour les voitures. En sortant de ce pont, l'étranger, en se dirigeant tout droit devant lui, arrive à East-Strand, et trouve facilement Covent-Garden et toutes les rues avoisinantes. Waterloo-station, le débarcadère du chemin de fer du South-Western, est à proximité de l'extrémité sud de Waterloo-Bridge.

Dans la série des ponts de Londres, c'est Hungerford-Bridge qui prend rang ensuite par ordre de position; ses lignes légères, qui ressemblent aux fils d'une gigantesque toile d'araignée, s'étendent depuis Hungerford-Market (le marché de Hungerford) jusqu'à York-Road-Lambeth sur la rive opposée. C'est un pont suspendu d'une construction pleine de hardiesse et d'élégance et exclusivement réservé aux piétons. Le péage est de 5 centimes. Il est appendu à quatre chaînes massives composées de 2,500 chaînons et pesant 715 tonneaux. C'est encore Brunel qui en a dressé le plan et dirigé l'exécution, de sorte que l'on peut dire que notre célèbre compatriote a laissé des monumens de son génie, au-dessus, et au-dessous, des flots de la Tamise.

Il conviendrait de prendre terre ici pour aller explorer les quartiers de l'ouest de la capitale, les parcs et les aristocratiques régions qui les avoisinent; nous continuerons, néanmoins, à poursuivre notre rapide voyage sur le fleuve, et bientôt, nous arriverons à Westminster-Bridge, qui n'offre plus aux regards que les débris de son ancienne splendeur; sa construction remonte à un siècle; à cette époque, il n'existait à Londres qu'un seul autre pont sur la Tamise, et celui-ci passait pour être sans rival dans l'univers entier. Sa solidité apparente promettait, alors, de braver l'effort du temps, mais on a reconnu, dernièrement, que ses fondations menaçaient ruine, et il est condamné à faire place à un nouveau monument qui, sans aucun doute, éclipsera tous ses aînés, par une magnificence en harmonie avec les nouvelles Chambres du Parlement, construites à proximité de son extrémité Ouest.

Ces beaux édifices, avec leurs murs richement sculptés et leurs élégantes colonnes, arrêtent tout d'abord le regard charmé du voyageur, qui prend terre à cet endroit. Le palais de Westminster comprend Wesminster-Hall, les Chambres des Communes et des Lords, et divers édifices adjacens, entr'autres les restes du palais de Westminster, construit par Edouard-le-Confesseur. Wesminster-Hall est, incomparablement, de toutes les salles du monde, non supportées par des colonnes, la plus vaste; elle a 380 pieds de long, 74 de large et 100 pieds de haut. Cette magnifique portion du palais a été construite par William Rufus, en 1093. Le toit est en chêne richement sculpté. Aucun étranger ne doit négliger de visiter ce curieux bâtiment. Les Chambres du Parlement, où se tiennent les sessions législatives des pairs et des députés, ne sont pas complétement achevées, on commença leur construction en 1835, sur l'emplacement des anciennes Chambres détruites par un incendie l'année précédente. Les nouveaux édifices sont d'un grandiose extrême; ils peuvent soutenir même la comparaison de Westminster-Abbey, leur imposant voisin.

La façade Est de ce dernier monument, si essentiellement national, fait face à la Tamise, se développe sur une étendue de 570 pieds et forme un angle à peu près droit, avec le pont de Westminster. Le style de son architecture, d'ordre gothique, s'harmonie bien avec celle de l'ancienne Abbaye qui lui est contigue. L'œil est ébloui par la profusion des ornemens et des ciselures dont cette riche façade est semée et que font valoir, avec éclat, ses magnifiques croisées aux vitrages coloriés. A l'extrémité Nord de l'édifice, la Tour de Victoria dresse sa tête altière et ferme l'entrée d'apparat de la souveraine. Toute la partie extérieure est construite en pierre calcaire, et les carrières de Caen ont fourni les matières employées pour la construction intérieure. Les relevés des matériaux employés donnent un total de 5 millions de tonneaux de pierre, 24 millions de briques et 5,000 tonneaux de fer. Il couvre un espace de 9 acres.

Le public est admis, tous les samedis, entre onze heures

et deux heures, à visiter, sans rétribution, la Chambre des Lords. Les cartes d'admission peuvent être obtenues en s'adressant, le mercredi, au Lord Chambellan, et nous engageons instamment nos compatriotes à ne pas oublier de visiter la salle des séances, une des plus magnifiques que l'imagination puisse rêver, par la richesse, le bon goût et la pureté classique de sa décoration.

En sortant d'admirer ces merveilleux spécimens de l'architecture moderne, qui peuvent soutenir la comparaison avec les chefs-d'œuvre les plus renommés de l'antiquité, nous apercevons devant nous les vénérables tours de Westminster, dont la sombre grandeur jette dans l'esprit du spectateur cette impression solennelle que ne manque jamais de produire sur les imaginations un peu poétiques ou rêveuses ce charme qui s'attache aux choses sur lesquelles un long passé a étendu son prestige; Westminster-Abbey est l'église collégiale de Saint-Pierre, et on s'accorde à le considérer comme le Panthéon de l'Europe. L'église actuelle fut bâtie par Henri III. Elle affecte intérieurement la forme d'une croix allongée, et, vue de l'entrée Ouest, d'où le regard peut embrasser la perspective générale de l'édifice, elle présente l'aspect le plus grandiose; les groupes de ses gigantesques colonnes, l'épanouissement des lignes de sa voûte cintrée et ses splendides croisées laissant filtrer une lumière mystique sur les monumens et les dalles du parvis font naître dans l'esprit, qui se reporte involontairement aux temps passés, de graves et sérieuses émotions!... Sur la rosace de la croisée principale, sont représentés le Messie, les douze Apôtres et les quatre Évangélistes. Le mot JÉHOVAH, entouré d'une auréole de Séraphins, est inscrit sur l'étincelante croisée du Sud. Des épisodes, empruntés à l'Ancien-Testament, illustrent la rangée des douze vitraux inférieurs. L'abbaye mesure 375 pieds en longueur, de l'Est à l'Ouest, sur 75 pieds de large, et en hauteur, du toit intérieur, 101 pieds, et, du point culminant de la lanterne, 140.

Plusieurs des chapelles de cette immense cathédrale sont des échantillons très curieux de l'art antique. Nous recommanderons, notamment, à l'attention du voyageur, la chapelle de Henry VII, comme un specimen admirablement conservé de l'architecture de l'époque féodale. C'est dans cette abbaye que sont couronnés les rois d'Angleterre, comme l'étaient, naguères, dans la cathédrale de Rheims, les monarques français. Comme dans notre vieille basilique de S-Denis, la poussière des souverains repose dans ses antiques caveaux. A l'extrémité Sud de la croix que forme le plan de l'édifice, près du portail Est, qui s'ouvre en face de la Chambre des Lords, s'élèvent des monumens érigés à la mémoire des plus éminens poètes de la Grande-Bretagne. Cette portion intéressante de l'édifice s'appelle «*The poets corner* » (le coin du poète), et on ne pouvait lui donner un nom plus approprié à sa destination. Dans ce panthéon poétique, on salue, en passant, les statues des hommes qui, par leur génie, ont inscrit leurs noms, en caractères ineffaçables, dans les annales de l'humanité : Shakespeare, Milton, Dryden, Pope. On y trouve aussi les monumens d'hommes célèbres à divers titres, entr'autres, le tombeau élevé à la mémoire du frère de l'ex-roi Louis-Philippe, le duc de Montpensier, mort en Angleterre, pendant l'émigration.

Le service divin est célébré, chaque jour, à dix heures du matin et à trois heures du soir; à ces heures, le public est admis sans rétribution, mais seulement dans la section de l'église que nous venons de décrire. Le reste de la journée, la rétribution exigée pour visiter tout l'édifice est de 6 pences (60 centimes). Cependant, on pense généralement que, pendant la période de l'Exposition universelle, Westminster sera compris dans la liste des monumens publics où les curieux et les étrangers pourront être reçus, sans rétribution.

En quittant Westminster-Abbey, nous entrons dans Parliament-Street, où nous trouvons, sur notre gauche, les bâtimens de la Trésorerie, du Foreign-Office (ministère des affaires étrangères), de Home-Office (ministère de l'intérieur), etc.; ces divers établissemens sont réunis en un seul corps de bâtiment, d'une structure élégante, et dont la façade appartient à l'ordre Corinthien. A droite, nous apercevons Whitehall, gracieuse construction dont le plan est conçu dans le style de l'Ecole italienne; içi se donnaient naguères les banquets des souverains.

Laissant derrière nous, les casernes du **Horse-Guards** et les bureaux de l'**Amirauté**, nous arrivons à **Charing-Cross** et **Trafalgar-Square**; c'est à l'Ouest de ce square que débouche l'emplacement de Hay-Market, à l'angle duquel s'élève le Théâtre de Sa Majesté, c'est-à-dire l'Opéra-Italien, la plus belle salle de spectacle de Londres, et nous pourrions même dire du monde entier, bien qu'elle soit un peu moins vaste que les théâtres de la Scala et de San-Carlos. En tous cas, c'est un admirable édifice; il est ouvert pendant la saison fashionable de Londres, c'est-à-dire depuis le 1er avril jusqu'au 1er septembre. La troupe qui l'exploite est à peu près la même que celle que l'on applaudit, pendant la saison d'hiver, à Paris. Mais nous aurons à revenir sur ce sujet, dans le chapitre que nous consacrons, plus loin, aux théâtres de Londres.

En prenant par Haymarket et Coventry-Street, ou par Pall-Mall, situé plus bas, nous arrivons bientôt dans Regent-Street, une des plus belles rues de Londres. Regent-Street est, surtout, remarquable par le nombre de magnifiques magasins qui y sont situés, et, dans ce grand bazar de l'industrie, du luxe, de la mode et de la civilisation, on rencontre, avec plaisir, presque à chaque pas, des noms français brillant sur les enseignes. Le goût, l'élégance sont cosmopolites; à ce titre, l'industriel, l'artisan, le marchand français conquièrent aisément, partout, leurs lettres de naturalisation!

Regent-Street nous conduit, à travers LANGHAM-PLACE et PORTLAND-PLACE, jusqu'à REGENT'S-PARK, magnifique emplacement admirablement distribué en pelouses en allées, en plantations pittoresques; son niveau est considérablement élevé au-dessus de la capitale, et il doit à sa réputation proverbiale de salubrité d'être entouré de toutes parts de ravissantes habitations, précédées de fraîches terrasses qui portent, au plus haut degré, le cachet de ce luxe, de cette opulence dont les quartiers aristocratiques de Londres revêtent, à un si haut degré, l'apparence extérieure, opulence qui, malheureusement, contraste trop avec la physionomie misérable des quartiers où s'étiole une population laborieuse au sein de la métropole elle-même, et, surtout, avec ces affreuses demeures des villes manufacturières dont les écrivains du *Morning-Chronicle* ont tracé un tableau, si sombre et si saisissant, dans une série de lettres qui a eu un retentissement européen ! L'Angleterre, au reste, est le pays des contradictions, et, devant les anomalies sociales qui frappent, à chaque pas, le regard de l'observateur le plus superficiel, on ne peut se défendre d'un sentiment d'admiration pour le génie des hommes d'Etat de ce pays, qui ont su, par leur sagesse, par leur prévoyance, équilibrer tant de forces sociales instinctivement antagonistes, et par de libérales concessions, d'opportunes réformes, prévenir, ou au moins retarder, l'explosion de ces révolutions sociales qui, depuis soixante ans, ont si profondément remué les autres nations européennes.—Grave leçon que les gouvernans de la France n'ont jamais assez méditée!...

Il y a, dans Regent's-Park, un diorama intéressant, dont les tableaux sont toujours d'un bon choix et d'une bonne exécution. Le prix d'admission est de 1 shelling. Tout auprès, s'élève le *Colosseum*; les lourdes colonnes d'ordre dorique de son portique, son vaste dôme construit en pierres grises, donnent, à ce monument, une physionomie antique et sombre, qui contraste vivement avec l'architecture légère des constructions qui l'avoisinent de toutes parts. Dans l'intérieur, sont disposés un vaste panorama, représentant Paris, la nuit, et Londres, le jour, un musée de sculpture, des ruines artificielles, des cascades, des serres et des volières. Le prix d'entrée est de deux shellings. Nous recommandons spécialement aux voyageurs cette curieuse exhibition.

En continuant notre promenade dans le parc, nous arrivons bientôt au ZOOLOGICAL-GARDENS, le Jardin-des-Plantes de Londres. La collection d'animaux vivans, formée par la Société Zoologique de Londres, est la plus complète qui existe au monde. Le jardin dans lequel elle est logée est riche en paysages et en sites pittoresques. C'est la promenade la plus fréquentée et la plus populaire de Londres. Le nombre d'animaux vivans qui y étaient exhibés en 1850, était de 1,600 environ. Le sujet le plus curieux de cette collection est l'hippopotame. Ce colossal amphibie a été importé en Angleterre l'an dernier, il est le premier de son espèce qui, depuis des siècles, soit arrivé vivant des rivages africains. C'est une épaisse et disgracieuse bête, avec une peau qui ressemble à du caoutchouc. Lorsqu'il prend, dans l'eau de son bassin, ses lourds et maladroits ébats, on croit voir un obèse alderman de Londres, se livrant à une tentative malheureuse de polka !

La collection des reptiles est fort intéressante ; le spectateur n'est pas maître d'un premier mouvement d'effroi lorsqu'il aperçoit d'énormes serpens, dont les gigantesques anneaux s'enroulent autour du tronc des arbres plantés dans leurs cages. Les plus grands *boas constrictors* connus figurent dans cette collection. Les jardins couvrent un espace de 20 acres environ. Ils sont ouverts au public depuis neuf heures du matin jusqu'au soir ; le prix d'admission est de 1 shelling. On trouve, dans les jardins, un excellent buffet, abondamment pourvu des articles de consommation les plus variés, et à des prix très modérés.

En revenant de Regent's-Park, on arrive à la seconde grande avenue de le métropole : Oxford-Street ; cette large voie s'étend par Holborn, jusqu'à la prison criminelle de Newgate, où sont renfermés les malfaiteurs. Les condamnations à mort recoivent leur exécution dans son enceinte même.

Oxford-Street, comme le Strand, compte, par centaines, de magnifiques magasins, véritables bazars du luxe et de l'élégance. Dans son voisinage immédiat, est situé le British-Muséum, qui s'élève dans Great-Russel-Street, Bloomsburry; c'est un immense édifice, dont le portique, avec sa double rangée de hautes colonnes en pierre grise, et le plan, en général, présentent l'aspect le plus grandiose. Comme établissement spécial, le Muséum Britannique est sans rival au monde; les curiosités et antiquités entassées avec profusion dans l'interminable enfilade de ses magnifiques salles; ses admirables collections de marbres, au nombre desquels figurent les bas-reliefs d'Elgin; sa précieuse collection minéralogique et sa bibliothèque, la plus nombreuse qui existe, en font un établissement véritablement national, et dont l'Angleterre est fière, à juste titre. Aussi, a-t-on le bon esprit et le bon goût d'ouvrir, gratuitement, ses portes au public, les lundis, mercredis et vendredis, depuis dix heures du matin jusqu'au soir. L'établissement n'est fermé que pendant la première semaine des mois de janvier, mai et septembre. Nous ne saurions trop engager nos compatriotes, qui ont le goût des choses antiques, rares et curieuses, à consacrer une journée tout entière à l'exploration des salles du Muséum Britannique. Ce sera une journée bien employée.

L'Institut Polytechnique, 309, Regent-Street, est une exhibition des plus intéressantes; on y trouve une foule d'objets du plus haut intérêt scientifique; les modèles, du domaine des arts mécaniques, y abondent surtout. Il est aussi amusant qu'instructif de les passer en revue. — Le prix d'entrée est de 1 shelling.

Londres compte un nombre immense d'exhibitions de tous

genres, situés principalement dans les quartiers de l'Ouest, ceux sur lesquels la Mode règne surtout en souveraine. Dans le nombre, nous devons une mention particulière au Musée de Mme Tussaud, Baker-Street, Portman-Square, dans lequel, moyennant 1 shelling, on peut faire chaque jour connaissance avec une immense collection de personnages célèbres vivans et morts, dont les traits, modelés en cire, sont d'une ressemblance véritablement daguérrienne. Dans ce bazar, sont également exposés un grand nombre d'objets qui ont appartenu à l'Empereur Napoléon.

Les géans, les nains, les merveilles naturelles, les miracles de l'industrie, sont trop nombreux à Londres, pour que nous en entamions la nomenclature ; ce serait inutile, d'ailleurs, car, dans tous les quartiers de la ville, des milliers d'affiches, ornées d'attributs bizarres, d'enseignes éloquentes, les signalent à l'attention des passans.

Les SQUARES de Londres ont une physionomie originale, et pour ainsi dire *sui generis*, qui attire irrésistiblement le regard de l'étranger. Ces places sont, pour la plupart, très vastes et encadrées de somptueuses maisons, demeures de l'aristocratie. Un parterre, entouré d'un grillage élégant, en occupe le centre. Les plus renommées de ces opulentes *oasis* dans l'Ouest — car c'est toujours vers l'Ouest que se dirige, depuis un quart de siècle, le courant de la Fashion de Londres, — sont, Belgrave-Square, Eaton-Square et Lowndes-Square, dans les environs immédiats du Palais de l'Exposition ; ces places sont aussi les plus modernes de Londres. Celles dont l'origine est plus ancienne sont Berkeley, Grosvenor et Portman-Square. Les arcades, à Londres, ne sont pas nombreuses, cependant, le *Lowther-Arcade*, dans le Strand, le *Burlington*, dans Piccadilly, et le *New-Arcade*, dans Oxford-Street, sont remarquables par leur aspect et leur étendue, et occupées principalement par des magasins, où s'étalent ordinaiement les articles de fantaisie de fabrique française. Le *Panthéon* d'Oxford-Street contient une foule d'objets curieux (entrée libre.)

Il y a, à Londres, dix-neuf théâtres. Nous ne mentionnerons, dans ce nombre, que ceux qui ont quelques droits particuliers à l'attention des voyageurs français.

Le Théâtre de Sa Majesté, dans Pall-Mall, que nous avons déjà mentionné au point de vue extérieur et en tant que monument, occupe le premier rang dans cette pléiade d'établissemens dramatiques. Le propriétaire actuel est M. Lumley, qui est également le directeur de l'Opéra-Italien de Paris. Les loges de ce théâtre sont d'ordinaire louées pour la saison à des prix extrêmement élevés : Les billets pris au bureau, coûtent, au pit (orchestre) 8 shelings 6 pence (10 fr. 60 c.), aux galeries 5 shellings. On peut, néanmoins, se procurer des coupons de loges chez les libraires à la mode. Les jours de grande représentation, la physionomie de cette vaste salle est véritablement magnifique, surtout lorsque la Reine est présente. Le répertoire ne comprend que des opéras italiens et des ballets.

L'Opéra-Royal-Italien de Covent-Garden lutte, jusqu'à un certain point, avec succès contre la compétition de son aîné. Les illustrations de la scène lyrique apportent, dans une proportion assez égale, le concours de leur talent à ces deux établissemens rivaux. Les tarifs de Covent-Garden sont, en outre, un peu moins élevés que ceux de Hay-Market. La salle est plus petite, mais fort élégante.

Drury-Lane est une vaste salle dont l'architecture intérieure est d'un style extrêmement classique. Il aborde les genres dramatiques les plus divers : opéra anglais, tragédie, comédie; mais les élémens les plus attrayans de son répertoire, sont les chefs-d'œuvre de Shakespeare. Les prix d'entrée sont, pour les loges, 5 shellings (6 fr.); le parterre, 3 shellings (3 fr. 60); la seconde galerie, 2 shellings (2 fr. 50); l'amphithéâtre, 1 shelling (1 fr. 25).

Le théâtre St-James est essentiellement le théâtre français de Londres. Cette charmante salle est d'ordinaire exploitée par une troupe choisie d'artistes français. L'opéra, la comédie, la tragédie, le vaudeville, prennent tour à tour possession de cette scène. Toutes nos illustrations parisiennes y ont fait successivement ample moisson de bravos et de guinées : Rachel, Levasseur, Thillon, Roger, Baroilhet, Hoffmann, Bouffé, et tant d'autres glorieux représentans de l'art français. Sous l'habile administration du directeur, M. Mitchell, ce théâtre est devenu un des plus suivis de Londres; la reine Victoria honore souvent de sa présence ses attrayantes représentations, et, *reginæ ad exemplum*, l'aristocratie anglaise lui accorde un fructueux patronage.

Le Lycœum-Theatre, Wellington-Street, dans le Strand, est une jolie salle, dans laquelle sont représentés, avec beaucoup d'entrain, des comédies et des vaudevilles; mais, pour ceux de nos compatriotes qui ne sont pas au courant, nous ne dirons pas de la langue anglaise, mais de ses finesses les plus subtiles, ce théâtre, comme beaucoup d'autres de Londres, n'offrira aucun intérêt.

Le théâtre royal d'Astley, situé dans Westminster-Road, auprès du pont de Wesminster, est un spectacle dans le genre du Cirque des Champs-Elysées ; il n'est pas aussi vaste que l'établissement parisien, mais ses écuries sont admirablement garnies, ses chevaux bien dressés, et sa troupe équestre, qui compte plusieurs artistes français, est composée de sujets extrêmement distingués. Les représentations d'Astley sont très suivies et très attrayantes.

Parmi les autres lieux d'amusement ouverts au public, à Londres, nous citerons les Jardins Royaux du Vauxhall. Ces Jardins, s'étendant sur un vaste emplacement, sont plantés de beaux arbres et décorés de pavillons élégans, de légères galeries, d'arcades, de temples, de grottes et de cascades. Leurs nombreuses promenades sont éclairées *a giorno* par des milliers de lanternes de couleur. Plusieurs orchestres y jettent au vent des flots d'harmonie ; des jeux équestres, des exercices de funambules, des ascensions aérostatiques, des feux d'artifice composent le programme ordinaire des soirées du Vauxhall. Le prix d'entrée est de 2 shellings. Les jardins sont ouverts depuis huit heures du soir jusqu'à deux heures du matin. Des rafraîchissemens de toute espèce et de splendides soupers sont servis dans les nombreux cabinets de l'établissement. L'attrait des jardins du Vauxhall, par une belle soirée d'été, sera surtout apprécié par nos compatriotes. Il semble que l'atmosphère y soit imprégné des parfums de cette gaîté insouciante et légère, qui est si bien dans notre tempérament national ! Aucun autre établissement public de Londres ne se recommande au même degré, à ce point de vue, au touriste français.

Les *Surrey Zoological Gardens*, sur la rive Sud de la Tamise, méritent également une visite ; ils comprennent une belle ménagerie, des panoramas et divers autres spectacles curieux que l'on exhibe pendant la journée ; le soir, ils sont brillamment éclairés, et des feux d'artifices, des volcans artificiels, des ascensions en ballon composent le menu du programme de leurs représentations ; la musique est excellente. Le prix d'entrée n'est que 1 shelling.

Cremorne Gardens, à Chelsea offrent aussi, pendant la soirée, une agréable ressource au voyageur désœuvré ; c'est un établissement dans le genre du Vauxhall, quoique sur une plus petite échelle ; cependant, il mérite également d'être vu, et le prix d'entrée, qui n'est que de 1 shelling, ne paraîtra certes rien moins qu'exorbitant.

De plus, de nombreux lieux publics d'amusement s'ouvrent chaque soir, dans les divers faubourgs de Londres, à l'instar de nos concerts en plein vent de Paris. Pendant les soirées d'été, d'harmonieux accords viennent saluer presqu'à chaque pas le promeneur dans les rues de cette capitale. Ces virtuoses ambulans, on le conçoit, ne font pas preuve d'une grande supériorité artistique ; néanmoins, ils attestent les progrès immenses que le goût de la musique a fait en Angleterre depuis un quart de siècle. Toute ville de province, ayant quelques prétentions à la civilisation, a maintenant sa société philharmonique et sa salle de concerts, et ce fait, que Londres a eu simultanément cinq théâtres d'opéra, donne une idée suffisante de la popularité qui s'attache à l'art musical dans la capitale de la Grande-Bretagne.

Après avoir donné un rapide aperçu des principaux lieux d'amusement public de la ville de Londres, il nous reste à indiquer sommairement ce que ses environs présentent de plus intéressant. Les bateaux à vapeur de la Tamise, les omnibus et les nombreux chemins de fer qui rayonnent autour de la grande cité, la mettent en communication rapide et peu coûteuse avec toutes les localités environnantes. En premier lieu, nous signalerons comme le but d'une intéressante excursion extrà-muros, le palais royal de *Windsor-Castle.* Ce magnifique édifice a été, depuis des siècles, la résidence des souverains anglais. C'est un immense bâtiment construit dans le style gothique, sur une haute colline. On aperçoit, à une grande distance, les lignes sombres de ses tours crénelées. De la plate-forme de l'une d'elles, *The Round Tower*, le regard embrasse une vaste et admirable perspective. Dans les somptueux appartemens de Windsor, sont entassés tous les chefs-d'œuvre de la peinture et de la statuaire, et d'admirables collections d'objets rares et précieux. La chapelle de St-George est un merveilleux échantillon de l'art des anciens architectes Sous ses voûtes reposent les restes d'un grand nombre de souverains de la Grande-Bretagne. Le Parc royal est magnifique, les Jardins distribués de la manière la plus pittoresque.

Windsor-Castle est à 22 milles de Londres; on y arrive par chemin de fer : les convois partent presque à toute heure. Les grands appartemens sont ouverts gratuitement au public les mardis, jeudis et vendredis, depuis onze heures jusqu'à quatre. Il faut, néanmoins, que les visiteurs soient pourvus de billets d'admission, qu'ils peuvent se procurer chez MM. Colnaghi, marchand d'imprimés, 14, Pall-Mall; Mitchell, libraire, 33, Old-Bond-Street; Ackerman et Ce, libraires, dans le Strand, et Moon, libraire, 20, Thread-Needle-Street.

La ville de Windsor, que domine le vieux palais, est d'une haute antiquité; ses environs sont très pittoresques; ils sont émaillés de magnifiques châteaux, de coquettes villas, de riants villages; la vaste forêt de Windsor en couvre une grande partie, et la Tamise promène ses flots argentés au milieu de cet attrayant panorama.

Hampton-Court est une autre résidence royale, située sur les bords de la Tamise. Il fut, dans le principe, construit pour le cardinal Wolsey, sur un plan d'une grande magnificence. C'est un vaste édifice qui contient une riche collection de tableaux rares et curieux; on y accède soit par chemin de fer, soit par bateau à vapeur. Cette dernière voie est extrêmement attrayante pendant la belle saison. Rien de charmant comme les paysages devant lesquels passe, successivement, en partant de Westminster-Bridge, le promeneur qui se rend à Hampton-Court! La Tamise qui, dans la traversée de Londres, roule des ondes limoneuses, devient, à mesure qu'on la remonte, d'une transparence cristalline. De loin en loin, elle est traversée par de vieux ponts à la structure tourmentée et aux formes pittoresques. Sur ses rives s'élèvent de jolis villages, de coquettes habitations, qui portent au plus haut degré le cachet du goût, de l'élégance et du confort, entourées de riches parterres, de pelouses bien entretenues, qui descendent, en pente douce, jusqu'au fleuve. Les résidences du duc de Northumberland, du duc de Buccleugh, de lord Londonderry et de l'évêque de Londres sont les plus remarquables de toutes, et donnent une idée des étranges inégalités de fortune qui se rencontrent à chaque pas dans ce pays de contrastes, où le luxe le plus effréné coudoie la misère la plus abjecte. Richmond, sur la Tamise, est une charmante petite ville, qui compte un grand nombre d'hôtels, renommés pour leurs riches ameublemens et leur excellente cuisine. C'est dans l'un d'eux, le *Star-and-Garter*, que l'ex-roi Louis-Philippe a séjourné pendant plusieurs mois, en 1850. Le parc de Richmond est très-beau.

A Kew, sur la Tamise, nous trouvons une autre résidence royale, mais qui n'a rien de bien intéressant, si nous en exceptons son célèbre jardin botanique, qui, par son étendue et l'immense variété de ses richesses végétales, a des titres à la curiosité du voyageur.— Il est gratuitement ouvert au public.

Fulham, Hammersmith, Putney, situés, en aval, sur les bords de la Tamise, abondent aussi en hôtels excellens; mais nous ne prendrons pas sur nous de les recommander à l'excursionniste modeste; car les millionnaires seuls peuvent affronter l'exagération de leurs aristocratiques tarifs.

Un mot ici sur les courses de chevaux.

Dans le programme varié des plaisirs nationaux, les courses de chevaux, en Angleterre, occupent le premier rang. Le peuple anglais a pour les jeux de l'hippodrome un goût plus vif que toutes les autres nations du monde; depuis le prince jusqu'au valet de ferme, nulle classe de citoyens n'échappe à la contagion irrésistible de cette passion en quelque sorte instinctive et innée. C'est là un des traits distinctifs du caractère anglais ; à ce titre, les courses de chevaux méritent qu'on leur consacre un paragraphe spécial.

Voici, pendant le mois de mai, les courses de chevaux qui ont lieu en Angleterre :

Le 6 mai, courses de New-Market ; l'hippodrome est magnifique ; les chevaux les plus renommés de l'Angleterre entrent en lice ; les prix sont d'une valeur considérable (50,000 et 25,000 fr.).

D'autres courses ont lieu à Liverpool, le 7 ; à Plymouth, le 7 ; à Shrewsbury, le 8 ; à York, le 13 ; à Bath, le 15.

Les courses d'Epsom commencent le 20 mai ; elles durent pendant quatre jours consécutifs. La grande lutte, dite le *Derby*, a lieu le mercredi 23 mai ; c'est la solennité la plus populaire de TURF anglais. L'entrée est de 100 guinées (2,500 fr.), et le plus souvent 50 chevaux sont inscrits pour concourir à cette riche poule qui s'élève ainsi à 125,000 fr. Le chemin de fer d'Epsom aboutit à un point très rapproché de l'hippodrome, de sorte que des milliers de curieux, juchés sur les wagons, savourent, à prix réduits, les émotions de cet attrayant spectacle. Des centaines d'équipages encombrent également les abords de la lice ; tous les genres de véhicules y sont représentés, depuis la calèche aristocratique avec son attelage *à la Daumont*, jusqu'à la brouette du marchand de légumes, traînée par un âne, dont le conducteur *étrenne*, à cette occasion solennelle, son costume neuf de l'année. L'estrade réservée, ou *Grand-Stand*, est une splendide construction, comprenant un excellent buffet et un orchestre dont l'harmonie remplit agréablement l'intervalle des courses. Le prix d'entrée est de 5 shellings. Il y a également une foule d'estrades improvisées, où l'on peut trouver place moyennant 3, 2 et 1 shelling. Le coup d'œil que présente ce brillant hippodrome, encadré dans un cercle d'équipages, est véritablement magique par un beau jour de printemps. Ces coureurs aux formes fines et vigoureuses, ces jockeys aux costumes élégans, cette foule immense qui assiste frémissante à toutes les phases de la lutte, composent un tableau des plus pittoresques, et bien fait pour exciter au plus haut degré l'admiration de l'étranger.

Les courses d'Ascott ont lieu le 3 juin ; elles sont, bien que moins curieuses et moins populaires que celles d'Epsom, encore plus attrayantes que celles-ci. Si elles sont un peu moins suivies, cela tient à ce qu'elles ont lieu à une distance un peu plus grande de la métropole. Néanmoins, le voisinage de la résidence royale de Windsor, la présence de la Reine et de la Cour, dans de somptueux équipages, y attirent l'élite de la fashion. Les environs sont extrêmement pittoresques. La distance de Londres est d'environ 17 milles, et on y arrive par chemins de fer, à des prix toujours extrêmement réduits. Les courses durent pendant trois jours.

Les courses de Hampton ont lieu le 11 juin ; elles jouissent d'une certaine célébrité ; celles de Winchester commencent le 20 juin ; on y est transporté, en deux heures, par le chemin de fer du South-Western, moyennant 5 shellings. C'est au mois de juillet que commencent les courses renommées de Newmarket.

Le 29 juillet est une date que nous signalons particulièrement à nos compatriotes, en leur recommandant, s'ils en ont le loisir, à ne pas manquer d'assister, ce jour-là, aux courses de Goodwood.—Ces courses ont lieu dans le beau domaine du duc de Richmond. L'Hippodrome, situé au milieu des admirables paysages du parc ducal, est des plus pittoresques. — Les coureurs sont l'élite des haras de la Grande-Bretagne. La fine fleur de l'aristocratie anglaise se donne rendez-vous à cette fête. — Goodwood est à une petite distance de la ville de Chichester ; on y arrive, moyennant 6 à 7 shellings, par le chemin de fer du South-Western.

Le 12 août, courses de Wolverhampton ;

Le 27 — celles de Egham ;

Le 8 septembre, celles de Lichfield ;

Le 11 — celles de Leicester ;

Le 30, enfin, ont lieu les courses de Doncaster, dont la réputation est européenne. C'est à ces courses que se réunissent toutes les plus éminentes célébrités du Turf ; les paris y atteignent des proportions fantastiques et qui paraîtraient invraisemblables à nos compatriotes ; il faut être Anglais, en effet, pour comprendre que l'on puisse risquer parfois un ou deux millions de francs sur la vitesse d'un cheval ou la loyauté d'un jockey. C'est pourtant ce qui arrive chaque saison.

Nous nous en tiendrons aux courtes indications qui précèdent sur le chapitre du Turf anglais ; elles suffisent à l'étranger qui, en y assistant, n'a d'autre but que d'être le spectateur de ces luttes intéressantes, où les hommes se ruinent sous prétexte d'améliorer les races de chevaux.

Les Stations de Chemins de Fer.

La station du chemin de fer du Nord-Ouest, *London and North-Western*, est située dans Euston-Square. Ce chemin, est la grande artère de trafic, entre la métropole et les districts manufacturiers de Birmingham, Manchester et Liverpool, les trois centres de population les plus importans de l'Angleterre après Londres. Le débarcadère d'Euston-Square est un des plus beaux du monde. C'est un véritable monument, remarquable par son architecture et ses vastes proportions. Cette route est la plus courte et la plus directe pour l'Irlande; la voie de fer s'étend jusqu'à Holyhead, dans le comté de Galles. De ce point, des bateaux à vapeur d'une grande vitesse transportent, en six heures, le voyageur à Dublin.

Le *Great-Northern* part de King's-Cross, traverse Harrow, Barnet et St-Albans par les comtés de Hertford, Bedford et Huntingdon, et aboutit à York et aux provinces du Nord du royaume. — La station du *Great-Western*, à Paddington, dans le voisinage immédiat de Edgeware-Road, à l'extrémité d'Oxford-Street, est le débarcadère du plus beau chemin de fer de la Grande-Bretagne. M. Brunel, le fils de notre illustre compatriote, a été l'ingénieur en chef chargé de la construction de ce rail-way ; la voie dépasse en largeur celle de tous les autres chemins de fer de l'Angleterre. La vitesse moyenne des convois est, sur cette route, plus considérable que sur toutes les autres. Grâce à l'écartement des rails, on n'y éprouve pas ces oscillations si sensibles sur nos chemins de fer français ; les wagons, posés carrément, ne sont pas livrés à ces balancemens fastidieux pour le voyageur. M. Brunel avait offert de parier que l'on pourrait facilement y voyager sur le pied de 100 milles (40 lieues) à l'heure ; mais la vitesse réglementaire est de 50 milles (20 lieues). La ligne traverse Reading, Bath, Bristol, et accède à la cité d'Exeter, à l'arsenal de Plymouth, et aux régions situées dans l'Ouest de la Grande-Bretagne. — Nous avons déjà mentionné la ligne de South-Western, en parlant de la Route du Havre à Londres. Le débarcadère est situé auprès de Waterloo-Bridge. — Le South-Eastern, qui dessert les localités de Greenwich, Gravesand, Brighton et Douvres, a sa station dans le voisinage immédiat de London-Bridge.— Nous avons également parlé du Blackwall, dans notre visite aux docks des Indes-Orientales et Occidentales. La ligne des Eastern-Counties, qui traverse les comtés d'Essex, de Suffolk et de Norfolk, aboutit à Yarmouth, sur le littoral. — Le débarcadère de Londres est situé à Shoreditch.

Il serait inutile d'indiquer le tarif de ces divers chemins de fer, attendu qu'il est dans l'intention de toutes les compagnies de le réduire notablement pendant la durée de l'Exposition. Nous en pouvons dire autant de toutes les compagnies de bateaux à vapeur qui desservent les lignes entre les divers points du continent. Déjà la compagnie du South-Western, dont les bateaux desservent la ligne du Havre à Southampton, a réduit les billets de première chambre de fr. 25 à 12 50 c., et les billets de deuxème classe de 15 fr. à 9 fr. Celle des Bateaux du Havre à Londres, délivre des cartes pour le voyage aller et retour, au prix de 28 fr. 60 c. Cet exemple ne saurait manquer d'être suivi par les entreprises rivales.

Une fois par semaine, les bateaux de la ligne de Liverpool, toucheront à Southampton , et prendront des passagers à destination du Havre, à 10 shellings dans la première chambre, et à 4 shellings dans la seconde. Ce sont de magnifiques navires de 400 chevaux de force, de véritables steamers transatlantiques, qui, par leurs vastes dimensions, sont moins susceptibles que les vapeurs ordinaires de faire essayer aux passagers les effets nauséabonds du roulis et du tangage. Nous recommandons particulièrement à ceux de nos compatriotes, qui redoutent le mal de mer, de combiner leur départ de Londres de façon à effectuer leur retour par cette voie sûre et agréable autant qu'économique.

Quelques mots sur les voitures publiques doivent, naturellement trouver place dans un *Guide du Voyageur à Londres.*

Voici d'abord les bases du tarif :

Pour toute distance ne dépassant pas 1 mille, 8 pence (80 centimes) ;

Pour toute distance de 1/2 mille ou d'une fraction de 1/2 mille, au-delà, 4 pence (40 centimes);

Ou bien, *pour tout temps* n'excédant pas 30 minutes, 8 pence ; au-delà de 30 minutes et jusqu'à 45, 1 shelling ;

Au-delà de 45 minutes jusqu'à une heure inclusivement, 1 shelling 6 pence ; pour chaque quart d'heure additionnel ou fraction de quart d'heure, 6 pence.

Nota. — Le cocher a le droit de faire payer à son choix, d'après la distance parcourue ou le temps dépensé.

Les réglemens tracent un cercle d'un rayon de 3 milles, dont le Post-Office est le centre, et qui est considéré comme la limite de la cité. Tout cocher qui vous conduit au-delà de cette limite a le droit de réclamer une indemnité de retour jusqu'à la station de voitures la plus proche; c'est ce qu'on appelle : *The return fare*. Le *cabman* ou cocher de cabriolet est un type à part, qui mérite d'être étudié par nos compatriotes. Ce sont des esprits vifs, subtils, et qui n'ont pas de rivaux dans l'art de filouter leurs pratiques. On apprend, en les fréquentant, à apprécier la probité scrupuleuse de nos cochers de cabriolet parisiens. Une précaution que tous les étrangers feront bien de prendre, c'est de noter le numéro du véhicule dans lequel ils se hasarderont, car la justice n'est rien moins que tolérante à l'endroit de MM. les *cabmen*, et ne se fait pas faute de leur appliquer, en cas d'abus, les dispositions les plus rigoureuses du Code spécial qui réglemente leur industrie. Aux termes de ce réglement, ils sont tenus, dans le cas où quelque objet est oublié dans leurs voitures, d'en opérer immédiatement le dépôt au Stamp-Office, Sommerset House, sous peine d'une amende de 500 fr. en cas de contravention constatée. Là, l'objet perdu ou oublié reste à la disposition du propriétaire, et lui est remis sur désignation pendant une année entière. Nous engageons nos compatriotes, pour prévenir toute difficulté, à faire prix avant de s'embarquer dans un de ces véhicules. Il leur suffit d'indiquer le point où ils veulent se rendre, et de poser au *cabman* cette question : « *The price?* » En cas de difficulté, s'adresser au premier policeman que l'on rencontre, et il s'en rencontre sur tous les points de la métropole. Bien différent du sergent de ville parisien, qui ne sait que donner chasse aux porteurs de journaux républicains, flairer des cas de contravention en matière de colportage, rechercher les indices de quelque fantastique complot socialiste, ou tolérer des cris inconstitutionnels, le *policeman* de Londres prend au sérieux sa mission d'ordre et de paix, et son concours empressé et poli ne fait défaut à aucun de ceux qui viennent réclamer sa protection. — Nulle part, en Europe, le corps des agens de police n'est organisé dans des conditions aussi effectives et aussi « respectables » pour employer le mot anglais, qu'à Londres. — Le président de la République française, il y a quelques années, lors de la grande démonstration chartiste, ne crut pas déroger en acceptant le rôle de policeman-amateur, c'est-à-dire de constable spécial. Il se trouvait, au reste, en bonne compagnie ; toute la bourgeoisie de Londres, toute l'aristocratie avait prêté serment en cette qualité comme lui. Heureux pays où le Gouvernement sait se reposer du maintien de l'ordre sur le dévoûment des bons citoyens, sans recourir, comme le Gouvernement de M. Louis Bonaparte, le ci-devant constable spécial, à l'état de siége et à une armée de 100,000 hommes pour prévenir la guerre civile !

Un mot sur les lignes d'omnibus qui sillonnent Londres.

Les principales lignes vont dans la direction du Nord et du Sud, de l'Est et de l'Ouest, à travers les quartiers du centre de Londres. Entre leur point de départ et d'arrivée, ces lignes font des déviations assez nombreuses afin de desservir les principaux centres de la population avoisinans qui s'étendent de chaque côté. Les omnibus commencent, d'ordinaire, à circuler vers neuf heures du matin, pour ne s'arrêter qu'à minuit. Les départs de chaque ligne se succèdent presque à chaque moment. Leurs tarifs sont, en général, limités à 6 pence pour le trajet total de la métropole, (trajet qui comprend les cités de Londres et de Westminster, distance, cinq milles), et à 3 pence pour toute fraction de cette distance. Pour prévenir toute exaction, l'étranger fera bien, néanmoins, avant de monter en omnibus, de demander au conducteur le prix exact de la course pour le point où il veut se rendre. De la Cité et de l'extrémité Est de la métropole, il y a deux grandes routes : la première s'étend à travers Aldgate, Leadenhall-Street, Cornhill, Poultry, Cheapside, Saint-Pauls'Churchyard, Ludgate-Hill, Ludgate-Street, Fleet-Street, Temple-Bar, le Strand, Charing-Cross, Haymarket, Coventry-Street, Picadilly, jusqu'à Hyde-Park et le Palais de Cristal.

La seconde se prolonge à travers Cheapside, d'où elle entre dans Newgate-Street, Skinner-Street, Holborn-Hill, High-Holborn, Oxford-Street, Regent, Circus, Buckingam-Gate (l'arche en marbre qui est l'une des entrées de Hyde-Park), Edgeware-Road et le grand débarcadère du chemin de fer de Great-Western, situé à Paddington.

Par les routes du Nord et du Sud, on part des différens points de Southwork et de Walworth (connus sous la dénomination du Borough), qui forment le côté Sud de Londres, et l'on passe sur un des ponts de la Tamise. On coupe, à angles plus ou moins ouverts, les routes de l'Est et de l'Ouest en prenant par Chancery-Lane, Holborn, Grays-Inn-Lane, King's-Cross et New-Road, jusqu'à Easton-Square, où est situé le débarcadère du South-Western. En jetant les yeux sur le plan de Londres, que nous joignons à ce petit livre, ces diverses routes pourront aisément être suivies, et l'étranger démêlera aisément, grâce aux indications sommaires que nous venons de donner, le chemin le plus court pour accéder aux points intermédiaires auxquels il voudrait se rendre.

Nous allons, en terminant ce très rapide aperçu, donner au voyageur, à Londres, des conseils, fruits d'une expérience acquise pendant un séjour de plusieurs années, et qui auront peut-être pour effet, s'il veut bien les suivre, de lui économiser quelques guinées et de lui épargner quelques mécomptes. Il est évident que, pendant la durée de l'Exposition, les habitans de Londres, feront tout ce qui dépendra d'eux, pour frapper d'une lourde contribution de guerre leurs visiteurs ; cela est parfaitement naturel, d'ailleurs; il faut, en effet, s'attendre à ce que les habitans intra-muros, cherchent à tirer le parti le plus lucratif des avantages de leur position et affichent les prétentions les plus exorbitantes, en échange de l'hospitalité qu'ils accorderont aux centaines de milliers de curieux qui s'apprêtent à envahir la capitale. Aussi, engagerions-nous nos compatriotes à chercher en dehors de la ville, des logemens et un ordinaire moins ruineux, et à se réfugier, par exemple, soit sur la rive Sud de la Tamise, aux environs de Walworth, Newington, Kensington, Camberwell, Brixton, soit dans les quartiers du Nord de la ville, dans le voisinage de Kentish-Town, Cambden-Town, Islington, Dalston, Hackney, etc. Dans ces diverses localités, on trouvera des logemens garnis de toute espèce, situés, il est vrai, en dehors des frontières des régions fashionables, mais habités par une population de braves gens, dont la politesse et l'obligeance forment le caractère distinctif. Ces localités sont assurément plus salubres que les quartiers de Londres, où s'entasse une population nombreuse ; elles sont, de plus, accessibles à toutes les heures de la journée, moyennant 3 pence ou 6 pence au plus, par les omnibus qui les desservent.

Comme le dîner est un des articles les plus importans qui figurent au budget quotidien du voyageur, il n'est pas inutile de faire connaître qu'il existe à Londres un tres grand nombre de restaurans, dits *Eating-Houses*, où l'on peut dîner très confortablement, et toutes choses égales, d'ailleurs, plus économiquement qu'à Paris, malgré la réputation de cherté proverbiale que l'on a faite à Londres. Ces établissemens s'ouvrent dès midi, et ne se ferment qu'à une heure avancée de la soirée. Beaucoup d'entre eux se distinguent par le luxe avec lequel leurs salons sont décorés, et l'admirable organisation du service ; mais il est bien entendu que, pour dîner à Londres moyennant un prix raisonnable, il faut savoir se contenter, pour son ordinaire, d'une tranche savoureuse et substantielle de viande rôtie ou bouillie, d'une portion de pommes de terre et de légumes au choix, parfaitement accommodées d'ailleurs, de pain, de fromage et d'une mesure de bière d'une qualité incomparable ; on sait la juste renommée du *malt* anglais. On peut dîner à ces conditions dans une centaine d'établissemens différens, moyennant 15 à 18 pence (1 fr. 50 à 1 fr. 80) Mais l'épicurien, dont le palais blasé est habitué aux produits plus savant de l'art culinaire, qui ne comprend un dîner qu'avec accompagnement de hors-d'œuvres, de potage, d'entrées, de rôtis, de gibiers, de primeurs, d'entremets sucrés et de dessert, doit frapper à la porte d'établissemens plus aristocratiques, et payer, aussi cher et plus cher qu'à Paris, dans les salons du *Café de Périgord*, de *Véry*, de *Véfour*, des *Frères Provençeaux*, du *Rocher de Cancale*, de la *Maison Dorée*, du *Café de Paris*, son opulent menu. Que le voyageur français sache bien, une fois pour toutes, que le *vin ordinaire*, à Londres, assume la qualification ambitieuse de *claret*, et qu'on le paie en conséquence. Qu'il se garde, par conséquent, de se laisser aller à déguster ce coûteux liquide, s'il n'est résigné, à l'avance, à voir porter sur la carte, lorsque sonne le quart-d'heure de Rabelais, en regard d'un chiffre de 4 à 5 shellings (5 à 6 fr.), la bouteille de Bordeaux qu'il est habitué à payer 75 cent. ou 1 fr., au plus, à Paris. Le mieux est de s'habituer aux boissons nationales, et de se rafraîchir avec un grand verre d'excellent *porter* ou d'*ale*, moyennant three halponce (15 centimes). L'eau-de-vie que l'on débite à Londres n'est pas faite pour séduire un Français; elle a la couleur de l'acajou, et le goût térébenthiacé du vernis dont on se sert ordinairement pour polir ce bois exotique. Le genièvre anglais, au contraire, est une liqueur infiniment plus économique, d'un goût très agréable, et qui, pris à petites doses, a des propriétés hygiéniques fort recommandables. — Ainsi que nous l'avons dit plus haut, il y a un grand nombre de restaurans français aux abords de Leicester-Square ; mais pour faire un dîner économique, savoureux, substantiel, ceux qui ne tiennent pas absolument à une grande variété dans le menu, feront bien de fréquenter de préférence les *dining-rooms* de Londres, particulièrement à ceux de ces établissemens qui sont situés dans le quartier de la Cité. — Le *Sherry*, ou Xérès, est le vin que l'on boit le plus ordinairement à dîner, en Angleterre. Il se vend habituellement 5 shellings (ou 6 fr.) la bouteille, et se débite dans la plupart des *Dining Rooms*, au prix de six pence (60 centimes) le verre. C'est un vin de haut goût auquel on s'habitue aisément. Le vin de Porto est l'accompagnement ordinaire d'un dessert anglais. Il se vend au même prix que le Sherry ; sa saveur est délicieuse quand il est de bonne qualité, mais semblable à notre Bourgogne, les jouissances qu'il procure à ceux qui se laissent aller à le déguster, sans modération, ont leur réaction, et l'on expie, par les migraines du lendemain, les plaisirs bacchiques de la veille. L'usage du Porto explique la grande consommation de thé qui se fait en Angleterre. Quand on boit de tels vins, on conçoit qu'on ait besoin de prendre beaucoup de *tisane* ! Au reste, ce que nous disons ici, ne s'applique pas aux restaurans économiques de Londres, où le vin, d'ordinaire, est considéré comme un article de luxe, dont les habitués s'abstiennent d'alourdir le total de leur carte à payer.

A Londres, le Français cherchera vainement un de ces établissemens, qui, en France, comptent un si grand nombre de cliens, accoutumés à y dépenser leurs soirées en dégustant le parfum du Moka, et en se livrant aux émotions tranquilles du domino, du piquet ou du populaire *brezin*. Il n'y a pas de *cafés* à Londres. C'est une lacune dans la civilisation anglaise ; mais peut-être l'esprit cosmopolite que développera l'Exposition, fera-t-il naître, chez des spéculateurs intelligens, l'idée de créer, à l'intention de leurs visiteurs, quelques-uns de ces établissemens, qui rentrent si bien dans les goûts et les habitudes de nos compatriotes. Dans l'état actuel des choses, l'Anglais *respectable,* c'est-à-dire ayant la prétention d'être un homme comme il faut, passe la soirée à son club ou au théâtre ; les artisans et les ouvriers se réfugient dans les Public-Houses ou cabarets, où ils consomment de la bière ou du grog au gin, et fument avec une gravité Burgravienne, en écoutant indolemment quelque controverse sur la nouvelle politique du jour.

Gare aux voleurs dans les rues de Londres !... Ce sont, sans contredit, les plus adroits filous de la terre ! Ces industriels sont costumés, très souvent, avec la plus grande recherche, et exercent leur profession avec une dextérité toute artistique, en débarrassant le passant de sa montre, de sa bourse, de son portefeuille, voire de son foulard, sans qu'il puisse se douter de la soustraction dont il est la victime. On ferait un volume avec les tours et les ruses des *pick-pockets* de Londres. Nous nous bornerons à engager le lecteur à ne pas se hasarder dans les foules, s'il tient à conserver le contenu de ses poches !... — Toutes les fois, au reste, qu'il aura à se plaindre de quelque violence ou de quelqu'exaction, l'étranger peut s'adresser avec confiance à la police ou aux magistrats ; leur protection ne lui fera pas défaut. Les individus mal famés sont bien connus de la justice, qui n'a pas pour eux la moindre indulgence.

Comme l'argent est le grand nerf des voyages, nous terminerons par quelques renseignemens sur la question du numéraire. Nous n'avons pas besoin de dire que les monnaies françaises ne circulent pas couramment à Londres, tandis qu'un souverain anglais ou un billet de la Banque de Londres est aisément accepté dans la plupart des magasins de Paris et des villes françaises du littoral de la Manche. Nous engagerions, en conséquence, nos compatriotes, en partant de Paris, à se munir d'une traite, tirée sur une maison de banque de Londres, par MM. Laffitte et Blount ou quelqu'autre banquier parisien, ou, s'il le préfère, à convertir son argent français chez un changeur du Havre, de Boulogne, de Dieppe, contre des espèces anglaises, avant de s'embarquer sur le bateau à vapeur. Voici un petit tableau des pièces anglaises avec leur valeur en monnaie française, en regard :

		fr.	c.
Or	Souverain ou livre sterling	25	»
	1/2 Souverain	12	50
Argent	Couronne ou pièce de 5 sh.	6	25
	1/2 Couronne ou 2 sh. 6 pence.	3	12
	Shelling	1	25
	Six-pence	»	60
	Four-pence	»	40
	Three-pence	»	30
Cuivre	Penny	»	10
	Halfpenny	»	5
	Farthing	»	2 1/2

La Banque d'Angleterre a des billets qui varient depuis 5 livres (125 fr.) jusqu'à 1,000 livres (25,000 fr.). Nos compatriotes, qui voyageront dans l'intérieur, feront bien de ne pas se munir de billets des banques provinciales, qui ne se placent pas toujours aisément, tandis que les billets de la Banque d'Angleterre circulent dans le monde entier comme de l'or en barre.

Et maintenant, cher lecteur, adieu ; puissent nos conseils

ne pas vous être complétement inutiles; et, puisque nous venons de vous parler argent, puissiez-vous reconnaître, en revenant de l'Exposition de Londres, que nous vous avons donné consciencieusement, dans ce petit livre, la monnaie de votre pièce !

Restaurants.

Nous n'entreprendrons pas d'énumérer les mille restaurans de Londres, nous nous bornerons à en citer quelques-uns qui se recommandent, par l'excellence de leur cuisine et la modération de leurs prix, aux préférences du gastronome opulent ou du touriste modeste.

Le *Symposium* de M. Soyer, le célèbre artiste culinaire français, est situé tout auprès du Palais de Cristal. M. Soyer a publié un programme fort appétissant de son établissement; le consommateur pourra y savourer tous les produits les plus savans de l'art culinaire, ou y faire un dîner modeste, dont le roastbeef et le plum-pudding de la Grande-Bretagne feront à peu près tous les frais. M. Soyer a combiné son exploitation de façon à la mettre en rapport avec les exigences de tous les palais et les ressources de toutes les bourses.

Les environs du Palais de Cristal, Knightsbridge, Kensington, Brampton, etc., compteront, en raison même de ce voisinage, des hôtels et des restaurants par milliers; ils n'ont pas besoin que nous les indiquions: ils se présentent assez naturellement d'eux-mêmes.

A l'*Hôtel de Provence*, Leiceister-Square, on dîne bien et à bon compte.

Dickenson's Exeter Hall Hotel, dans le Strand, est une maison que nous recommandons à ceux qui veulent combiner le confort et l'économie. Un buffet, garni de pièces froides, y est dressé tous les jours de onze heures à cinq heures. A cinq heures et demie, bonne table d'hôte, bien servie, à 1 shelling 1/2; vastes salles de café; logemens confortables.

Crown Hotel and Tavern, tenu par Georges Bott, dans Rupert-Street, Newmarket, est un établissement où le touriste, qui voyage seul, trouvera toutes sortes d'agrémens et de confort. Café et estaminet. On parle français et allemand dans la maison.

Simpson's dining and supper rooms, Drury-Lane, est un autre établissement, qui jouit d'une vogue méritée; dîners à la carte, depuis deux heures de l'après-midi jusqu'à deux heures du matin; prix modérés.

Nous signalerons également :

Le splendide restaurant de *Simpson-Ries*, dans le Strand, où, moyennant 2 shellings, on fait un excellent dîner, admirablement servi; soupers, pendant toute la nuit, à la carte.

Doctor Johnson's Tavern, Bolt-Court, Fleet-Street, tenu par J.-G. Bryant; excellente table d'hôte, tous les jours de cinq à sept heures; pièces rôties et bouillies, légumes, poisson; prix, 1 shelling et 6 pence. Côtelettes et beefteacks servis à la minute pendant toute la soirée, jusqu'à minuit. Café chantant pouvant contenir cinq cents personnes, ouvert de huit heures et demie à minuit.

Anderson's-Hotel, Fleet-Street; bon restaurant : dîners à la carte de deux à trois heures, servis dans de vastes salons; dans cet établissement, on dîne d'une manière très confortable moyennant 1 fr. 50 environ. Logemens très bien tenus.

Rainbow-Tavern et Cock-Tavern, tous les deux contigus à Temple-Bar. Dîners servis depuis midi jusqu'au soir, au prix moyen de 1 shelling! Soupers chauds, composés de côtelettes, beefsteacks, huîtres, etc., pendant toute la nuit.

Portugal-Hotel, Fleet-Street; dîners à la carte, à toute heure; bonne table d'hôte à cinq heures et demie. Prix très modérés.

Queen's Hotel, Saint-Martins-le-Grand, auprès du General-Post-Office; établissement bien tenu et économique.

The Hope-Dining-Rooms, n° 8, Bucklesbury, à huit maisons de Cheapside: pièces rôties chaudes servies pendant toute la journée; une tranche de viande, 6 pence; un plat de légumes, 1 penny; fromage, idem; pain, idem; de sorte qu'avec un grand verre d'excellente bière, on y dîne fort bien pour 1 shelling, au plus. Il existe beaucoup d'autres établissemens de ce genre dans les divers quartiers de Londres.

Golden-Cross, Charing-Cross, est une maison renommée, située au centre de la métropole; ses tarifs ne sont rien moins qu'exorbitans.

Covent-Garden compte un très grand nombre d'hôtels fashionables, parmi lesquels nous citerons *New-Hummums* et *Old-Hummums*, dont les déjeûners sont très en vogue parmi l'aristocratie; *Osborn's-Adelphi-Hotel*, dans le Strand, où les familles trouveront des logemens vastes et confortables, et le *Norfolk-Hôtel*, maison qui se recommande par son excellente tenue.

Nous citerons également, pour terminer cette nomenclature des établissemens, où le voyageur peut s'adresser avec confiance :

Craven-Hôtel, Craven-Street, Strand ;

The London-Coffee-House, Ludgate-Hill ;

The Cathedral-Hôtel, St-Paul'sChurchyard ;

The Blossoms, Lawrence-Lane, Cheapsipe ;

The Spread-Eagle, Gracechurch-Street ;

Et l'*Adelaïde*, près de London-Bridge. — Ce sont tous d'excellens établissemens, bien que situés un peu en dehors des quartiers de la fashion.

Un lieu de fréquentation, très agréable le soir, et qui jouit d'une grande vogue parmi les étrangers, mérite une recommandation spéciale. C'est le ***Grand-Cigar-Divan***, du Strand. Les salons sont somptueusement garnis de divans et de sofas. On y reçoit les journaux et revues de tous les pays ; les seuls jeux qui y soient permis, sont les dames et les échecs. Le prix d'entrée est d'un shelling ; moyennant cette redevance, on a droit à une excellente demi-tasse de café et un cigarre, ou à un sorbet. On n'y sert ni vins ni spiritueux, Cet établissement est le rendez-vous des forts joueurs d'échecs de Londres. Avis aux amateurs.

Les Harmonic Supper Rooms, ou *Restaurans-Chantans* de Londres, — s'il est permis d'employer ce néologisme pour désigner des établissemens où l'on soupe et où l'on chante, — offrent une ressource précieuse au flâneur, soit dans le courant de la soirée, soit à la sortie du théâtre. Ce sont, en général, de très vastes salons, bien aérés et décorés, et brillamment éclairés. Un artiste de talent tient le piano ; de nombreux chanteurs font entendre des chœurs, exécutés avec beaucoup d'ensemble, et, de loin en loin, une chanson comique, — intéressante pour ceux qui connaissent les finesses de la langue, — vient égayer l'auditoire. L'entrée dans ces établissemens est libre. L'*ale* et le *porter*, d'excellente qualité, s'y vendent 60 c. le grand verre double ; même tarif pour les grogs, sauf les grogs au cognac, qui coûtent 1 shelling (1 fr. 25 c.) On y sert d'appétissans petits soupers, composés soit d'une côtelette, d'un beefsteack, d'un rognon grillé, soit d'une tranche de jambon, avec accompagnement de pommes de terre rôties, de pain et de beurre, au prix moyen de 1 fr. 25 à 1 fr. 80 c. Un des élémens les plus recherchés de ces médianoches sont les huîtres crues ou cuites. Une vieille expérience de Londres, la nuit, nous permet de recommander, parmi ces établissemens, ceux dont la désignation suit : — *The Cyder-Cellars*, Maiden-Lane, Covent-Garden ; entrée par le Strand la deuxième porte après le théâtre Adelphi. — *The Coal-Hole*, Strand ; — *The Garrick's-Head*, Bow-Street Covent-Garden ; — *Offlay's*, au coin de Herietta-Street Covent-Garden ; — *The Doctor-Johnson's*, Bolt-Court, Fleet-Street ; *Évans Grand-Hôtel*, sous les arcades de Covent-Garden. Ces établissemens s'ouvrent vers neuf heures, et ne ferment qu'entre deux et trois heures du matin, ce qui prouve que l'habitant de Londres a des mœurs peu patriarchales.

De nombreux bals publics ouvrent aussi, chaque soir, leurs portes aux amateurs de danse. Les plus renommés sont le *Casino-de-Venise*, dans High-Holborn, près d'Oxford-Street ; le *Grand-Casino-de-Laurent* ; *Argyll-Rooms*, Great-Wind-Mill-Street, St-James. Dans ces divers bals, l'orchestre, d'ordinaire, est excellent.

Règle générale : Se défier des gens bien mis qui vous obsèdent spontanément d'attentions et de politesses. C'est toujours ainsi que procèdent les chevaliers d'industrie. Les honnêtes gens, en Angleterre, sont particulièrement remarquables par leur discrétion et leur réserve vis-à-vis d'un étranger.

NOTA. — Il n'est pas inutile de signaler à l'étranger, à Londres, le système de numérotage des maisons ; les numéros, au lieu d'être pairs d'un côté et impairs de l'autre, comme cela se pratique en France, suivent leur ordre naturel, en remontant jusqu'à l'extrémité, et se continuent ainsi en descendant jusqu'à l'autre.

PRIX D'ENTRÉE A L'EXPOSITION : Billets de saison, valables pendant toute la durée de l'Exposition, pour les hommes, 3 guinées (79 fr.) ; pour les dames, 2 guinées (52 fr. 50 c.) — Le 2 et le 3 mai, 25 fr.; du 4 au 22 mai, 6 fr. — A partir du 22 mai, le prix d'entrée, les lundis, mardis, mercredis et jeudis, est fixé à 1 fr. 25 c.; les vendredis, à 3 fr. 15 c. — Les samedis, le public n'est admis qu'à partir de 1 heure de l'après-midi, au prix de 6 fr.

MAP OF LONDON

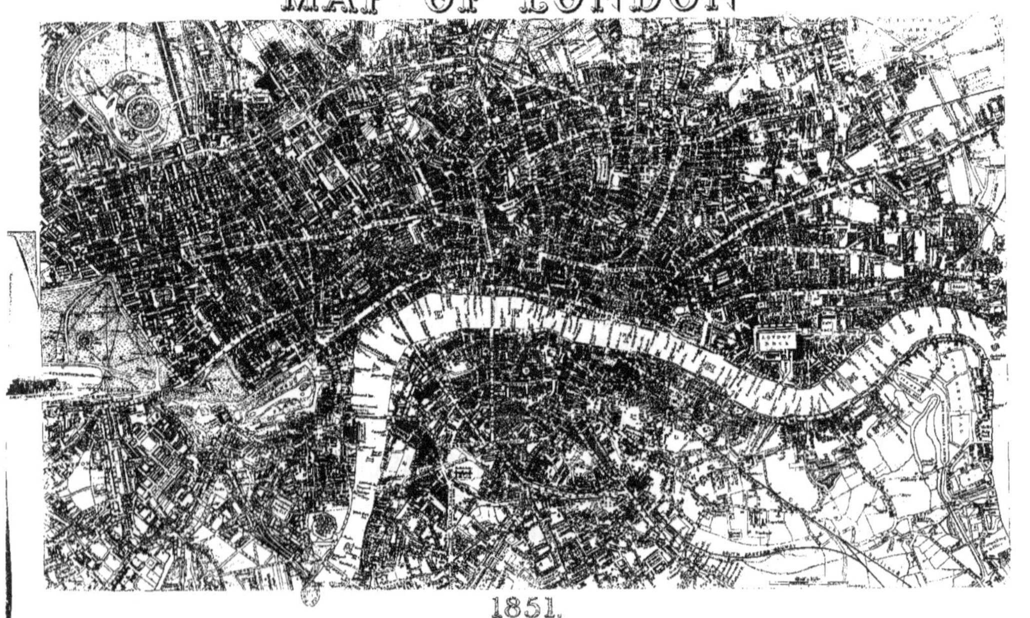

1851.

www.ingramcontent.com/pod-product-compliance
Lightning Source LLC
LaVergne TN
LVHW020409230826
846091LV00004B/1204

* 9 7 8 2 0 1 6 1 3 0 2 6 1 *